COMO SER UN
BUEN JEFE
— y —
UN LÍDER

ANTHONY RAYMOND

v.: 1.015

Dedicado a Joe y Sydney.

CONTENIDO

Obtén la hoja de trabajo

Hola, soy Anthony. Sólo me gustaría decirle gracias por su interés en mi trabajo. He creado una pequeña hoja de trabajo complementaria para ayudarlo con su viaje de liderazgo. Usaremos esta hoja de trabajo en el Capítulo 4, pero puede descargarla ahora para estar listo.

Si está leyendo este libro en un Kindle o un iPad, puede hacer clic en el enlace a continuación. Por su parte, los lectores de libros de bolsillo pueden escribir el enlace en su iPhone o PC. ¡Gracias a todos! - Anthony

www.AnthonyRaymond.org/718

Introducción

La mayoría de los jefes albergan un miedo secreto...

Un temor de que cada empleado crea disimuladamente que:

"Mi jefe es un líder incompetente".

Y lo peor es que, de vez en cuando, la mayoría de los jefes se preguntan si este sentimiento podría ser cierto...

Tal vez sea *este* miedo lo que lo impulsó a agarrar este libro. Tal vez las riendas del liderazgo hayan estado recientemente en sus manos y se esté preguntando si tiene lo que se necesita para convertirse en el pionero que su empresa necesita.

- Tal vez inició un pequeño negocio que recientemente se convirtió en un gran negocio.
- Tal vez se abrió camino hacia la gerencia media y recientemente notó que sus decisiones están afectando a más personas.
- Tal vez estuvo a cargo de un empleado el año pasado, pero ahora está administrando a cincuenta.

Cualesquiera que sean sus circunstancias, si acaba de asumir la responsabilidad de liderar un equipo, es normal que experimente dudas sobre su competencia. Tales reservas, escrúpulos y dudas son el subproducto natural de la transformación que debe ocurrir cuando se pasa de *empleado* a *jefe*. Esta metamorfosis no es diferente al "viaje del héroe", el camino arquetípico que los hombres de la mitología recorrieron en busca del honor, la infamia y la gloria. El profesor estadounidense de literatura Joseph Campbell trazó este camino en su libro de 1949 *El héroe de las mil caras*. Aquí, Campbell nos proporcionó una plantilla para esta gran búsqueda:

- Todo comienza con un llamado a las armas o un llamado a la aventura.
- Nuestro héroe considera responder a esta llamada, pero primero debe buscar un mentor.
- Se lleva a cabo algún entrenamiento.
- Luego ocurre una crisis en la que nuestro héroe es puesto a prueba.
- Si nuestro héroe logra derrotar a su némesis, se produce una transformación. Se abandona su personalidad inmadura y menos capaz, y de la tribulación emerge una versión más sabia de sí mismo.
- Finalmente, nuestro héroe regresa a casa para contarle a su pueblo, tribu o familia sus aventuras y enseñar a otros lo que ha aprendido.

Puede que estés en el "primer paso" de este viaje… El primer paso siempre está lleno de indecisión y preocupación. Al comienzo de una aventura, los episodios de miedo y dudas son normales y esperados. Cuando un psicópata narcisista yace en su cama por la noche, no tiene pensamientos como:

- "Tal vez no tengo lo que se necesita para ser un líder".
- "Tal vez primero necesito más capacitación".
- "Tal vez simplemente no soy lo suficientemente bueno".

Tales pensamientos nunca entran en la mente del psicópata narcisista. ¿Por qué? Porque, justamente, es un psicópata narcisista, por lo que es incapaz de analizar objetivamente sus propias deficiencias. Sin embargo, cuando las personas amables, concienzudas y racionales cierran los ojos por la noche, esas meditaciones ansiosas son *exactamente* en lo que piensan.

El miedo es la forma en que su cerebro le recuerda que debe caminar con cautela por un territorio desconocido. Pero solo después de apretar los dientes y cargar con estas emociones negativas, su progresión por el camino del éxito puede continuar. Como dijo Joseph Campbell:

La cueva a la que temes entrar guarda el tesoro que buscas.

Ya que está leyendo este libro, está claro que ha elegido dar un paso hacia el abismo. Sin embargo, así como ningún buen explorador se adentrará en la jungla sin una mochila llena de equipo probado, también debe preparar su caja de herramientas para el esfuerzo que tiene por delante. Su viaje a través de la jungla requerirá un equipo variopinto de trabajadores devotos. Para administrar a estos trabajadores, necesitará un cierto conjunto de habilidades. Como líder de equipo, no solo debe ser lo suficientemente competente como para manejar el flujo y reflujo de los mercados financieros y los rigores del mundo empresarial, sino que también debe manejar las complejidades de la psicología humana y los matices de la dinámica de grupo. Convencer a una tropa de personas para que lo sigan a un territorio desconocido requiere una delicada combinación de paciencia y asertividad.

- No quiere ser un tirano, pero necesita a su equipo para ejecutar sus planes de manera eficiente.
- Le gustaría que su oficina fuera un lugar agradable para trabajar, pero necesita que sus empleados estén enfocados y comprometidos.
- Quiere ser amigable con su personal, pero necesita que respeten sus decisiones.

¿Cómo va a armonizar tensiones tan tensas?

¿Por qué medios estimulará a su fuerza laboral a la acción?

¿Es posible ser a la vez un titán de la industria y un jefe humano?

Atrás quedaron los días en los que los gatos gordos masticadores de cigarros podían pararse sobre una tabla y poner en movimiento a sus esclavos de galera. Este es el siglo XXI. La fuerza laboral está compuesta por profesionales altamente calificados y educados. Los trabajadores tecnológicos, ingenieros, artesanos y administradores no responden bien a las órdenes que son dadas como ladridos. En cambio, manejar las sensibilidades sociales y políticas de la oficina moderna requiere un poco más de tacto. Es un delicado juego de equilibrismo en el que es más probable que logren la victoria aquellos dotados de una comprensión matizada de los motivadores de la mente.

Muchos líderes asumen que para incitar a su fuerza laboral a la acción, adjuntar una compensación monetaria al desempeño laboral aumentará el rendimiento, la deferencia y la devoción de los empleados. Pero la mayoría de los empleados buscan algo más que un cheque de pago. Aspiran a trabajar con grandes personas, producir resultados fructíferos de su trabajo y perseguir un objetivo noble. Los líderes verdaderamente grandes saben cómo crear un entorno en el que tales sentimientos se despierten de forma natural.

- Los grandes líderes entienden cómo desarrollar y nutrir relaciones productivas con sus empleados.
- Los grandes líderes saben cómo establecer metas desafiantes y cómo motivar a los equipos.
- Los grandes líderes no pagan por respeto, se lo ganan.

Cualquier intento de cuantificar las propiedades etéreas que hacen de alguien un "buen líder" es un esfuerzo desafiante. Sin embargo, en este libro, intentaremos hacer justamente eso.

- Pasaremos por alto el típico regateo de gestión y le mostraremos cómo establecer y realizar un seguimiento de objetivos ambiciosos para su empresa.
- Le mostraremos qué tan bien puede funcionar una máquina de la empresa bien afinada cuando sabe cómo armar un "equipo de ensueño", un equipo de empleados entusiastas, listos para hacer realidad su visión.

- Consideraremos varios temas de misión crítica, como la formación de equipos, la gestión del tiempo, la delegación y la autonomía de los empleados.
- Y luego, profundizaremos en los misteriosos impulsores psicológicos que convergen para provocar las fuerzas de la motivación intrínseca en su fuerza laboral.

No debe sentirse intimidado por la longitud del camino que se encuentra ante usted. Como escribió el sabio chino Lao Tzu:

Un viaje de mil millas comienza con un solo paso.

Los nuevos gerentes a menudo se sorprenden al saber que la mayoría de los ingredientes necesarios para convertir una buena empresa en una gran empresa ya se encuentran dentro de las paredes de su oficina. Pero se requiere un líder visionario para enfocar esta energía en un mecanismo de relojería integrado, un mecanismo finamente afinado en el que cada engranaje gira obedientemente en tándem con cada rueda dentada, trabajando armoniosamente hacia la manifestación de una creación unificada.

¿Está listo para empezar a crear?

Entonces, comencemos.

Cap. 1: Los grandes líderes no pagan por el respeto, se lo ganan

Ser un líder efectivo implica armar un equipo efectivo. Y los equipos funcionan mejor cuando están dirigidos por una persona que ha logrado ganarse el respeto de cada uno de los miembros. En algún nivel, todos sabemos esto. Probablemente por eso una sospecha común (y un miedo paralizante) entre los jefes es que sus empleados "simplemente no los respeten".

Quizás con la misma frecuencia, las oficinas que carecen de respeto tienden a carecer de él en ambas direcciones. Ambas partes (la dirección y los empleados) piensan que la otra es ineficaz. Las facciones en guerra lanzan diatribas belicosas y desdén por el piso de la oficina; cada lado está convencido de que el otro lado está equivocado y carece de gratitud por sus muchas contribuciones.

Entonces, ¿cuál es la solución a este atolladero?

- Algunos gerentes se han convencido a sí mismos de que deben pagar el respeto con dinero en efectivo y premios. Es decir, asumen que el respeto se nutre en un entorno que funciona con palos y zanahorias, en el que los empleados reciben incentivos financieros para seguir órdenes y hacer su trabajo.

- Otros gerentes toman una ruta más diplomática. Podrían intentar salir de las luchas internas cotidianas y delegar sus decisiones a la voluntad de la mayoría.

- Finalmente, otros jefes adoptan un enfoque más totalitario, insistiendo en que sus empleados respeten la autoridad de la jerarquía de la oficina, independientemente de su falta de respeto por la persona que da las órdenes. Tal arquetipo recuerda el decreto militar: "salude al rango, no al hombre".

Cada estrategia tiene sus méritos. El enfoque del *palo* y la *zanahoria* es probablemente más efectivo en las corporaciones convencionales, donde los incentivos financieros y los beneficios son indicativos de movilidad ascendente. Sin embargo, los líderes más efectivos y dinámicos no dependen del *soborno* para estimular a sus empleados a la acción. En este capítulo discutiremos seis principios de liderazgo que deberían ayudar a revelar cómo se puede cultivar el respeto de manera orgánica en su fuerza laboral.

Principio 1: La prueba está en la actuación

La primera y más obvia forma en que un gerente genera respeto es simplemente mostrar competencia, escrupulosidad y perseverancia en el lugar de trabajo. Sus empleados confiarán en usted para tomar decisiones sabias y competentes si realmente creen que usted es el tomador de decisiones más sabio y competente en la sala. O, al menos, si ven que está dispuesto a trabajar más duro que nadie en el problema.

La biografía de Ashlee Vance sobre Elon Musk está llena de historias que retratan la loca ética de trabajo de Musk y su devoción por ser el mejor jugador del equipo. Él escribe:

Musk nunca parecía salir de la oficina. Dormía, como un perro, en una bolsa de frijoles al lado de su escritorio. Casi

> **todos los días llegaba a las siete y media u ocho de la mañana y él estaba dormido allí mismo en esa bolsa... Tal vez se duchaba los fines de semana. No sé. Musk les pidió a [sus] empleados que le dieran una patada cuando llegaran, y él se despertaría y volvería al trabajo.**

De manera similar, el artista marcial Bruce Lee muchas veces fue desafiado por su equipo y se le pidió que mostrara su destreza. La siguiente historia fue transmitida en el documental de 1984 *Bruce Lee, la leyenda*:

> **Un montón de [extras] estaban sentados en esta pared [y] Bruce estaba enseñando a uno de los otros actores cómo pelear. Después de media hora bajo el sol abrasador, los extras se estaban poniendo un poco agresivos. Algunos de ellos gritaban: "Ah, no eres tan bueno como crees que eres". Y un tipo saltó de la pared para desafiar a Bruce. [Entonces] Bruce dijo: "Te diré algo... Puedes golpearme una vez, [y] te golpearé una vez". Así que el tipo dio una patada y [Bruce] la desvió con el hombro. Bruce dijo: "Está bien, ahora es mi turno". E hizo una patada [que] fue muy rápida y golpeó al tipo. El tipo pensó que no [había pasado nada]. Ni siquiera pensó que lo habían golpeado. [Pero] luego abrió la boca para reírse de Bruce y todos esos dientes y sangre se le cayeron. Y así, eso puso fin a los desafíos.**

Ahora, a diferencia de Bruce Lee y Elon Musk, no debería sentirse obligado a dormir en bolsas de frijoles o golpear a la gente en la boca. Más bien, el objetivo de estas historias es transmitir la noción de que "la óptica importa". La mejor "técnica de gestión" para convencer a sus empleados de que confíen en su competencia es simplemente *ser competente*. Esto implica llegar a tiempo, ser constante, trabajar más que nadie y aceptar que la carga del liderazgo implica comprometerse hora a hora con el bienestar tanto de la empresa como del equipo.

Principio 2: Usted establece el estándar

Si alguna vez ha visto un equipo de tripulación competitivo, puede notar lo importante que es para el remero más capaz estar sentado en la popa del bote. Esto se llama la posición de "golpe". Dado que cada uno de los otros remeros debe alinear sus remos para sincronizarlos con el remo del golpe, la persona en esa posición marca el ritmo de toda la tripulación. Si él o ella reduce la velocidad del remo, todos los demás en el bote también disminuirán la velocidad.

Figura 1: En un equipo de tripulación, cada remero solo puede remar tan rápido como la persona sentada en la "posición de golpe". Su ritmo establece el estándar para toda la tripulación.

Como líder, se le asigna un papel similar. Usted es el capitán del barco y todos los que se sientan detrás suyo observarán cada movimiento que haga. Cuando su equipo observe que usted está tomando acciones diarias consistentes, comprometidas y positivas, será más probable que modelen su comportamiento y el ritmo de su trabajo aumentará para alcanzar el suyo.

Los psicólogos del comportamiento usan el término "reflejo" para describir un fenómeno en el que una persona imita inconscientemente los gestos, los patrones del habla y el temperamento de otra persona. Por supuesto, la duplicación se puede observar tanto entre individuos como dentro de equipos. La disposición del equipo es a menudo un reflejo de la disposición del líder.

- Si trabaja despacio, ellos trabajarán despacio.

- Si pospone las cosas, ellos pospondrán las cosas.
- Si come comida chatarra, ellos comerán comida chatarra.
- Si su escritorio está desordenado, sus escritorios estarán desordenados.
- Si grita, ellos gritarán.
- Si ahorra esfuerzos, ellos ahorrarán esfuerzos.
- Si se queja, ellos se quejarán.
- Si llega tarde al trabajo, ellos también llegarán tarde.

Por supuesto, nadie refleja a nadie con un 100% de precisión. Pero, como jefe, debe estar atento para honrar su papel como el abanderado de la empresa, el ícono a partir del cual los empleados modelarán sus comportamientos en el lugar de trabajo hora por hora.

Principio 3: Cuide la espalda de sus empleados

Tómese un momento para considerar el significado de la oración "Te cubro las espaldas". Cuando un soldado se ve envuelto en una situación de combate, necesita confiar en los ojos, los oídos y las habilidades del camarada que marcha a su lado. En tal situación, la frase "Te cubro las espaldas" significa algo más parecido a:

Voy a estar protegiendo tu parte trasera, mientras estás inspeccionando o atacando por el frente.

Lo contrario de esta frase es "Me apuñalaron por la espalda", que describe a un hombre que fue atacado por un miembro del equipo en quien pensó que podía confiar.

Estas metáforas militares "de frente" y "detrás" son útiles cuando se analiza la dinámica del equipo porque aprovechan nuestra comprensión más básica de por qué el trabajo en equipo adecuado es tan esencial para la supervivencia. La *caza en manada* es común entre los mamíferos. Al igual que los humanos, los chimpancés, los delfines, los leones y las hienas participan en la caza cooperativa de alimentos, recursos y territorio. Los equipos exitosos cuentan con miembros que saben que pueden confiar los unos en los otros. Creen genuinamente que las acciones de cada miembro individual del equipo están trabajando en conjunto para lograr el mejoramiento de todo el equipo. Es reconfortante saber que los camaradas que uno está cuidando también están cuidando de uno. Recuerde la famosa línea de *Enrique V* de Shakespeare:

Nosotros pocos, nosotros felizmente pocos, nosotros, una banda de hermanos; porque el que hoy derrame su sangre conmigo será mi hermano...

Cuando las personas trabajan juntas, cuando derraman su sangre, sudor y lágrimas por el logro de una meta elevada, es probable que sigan la camaradería y el respeto mutuo. Si puede transmitir a su equipo que realmente se preocupa por su bienestar y que está dispuesto a trabajar con ellos para lograr un objetivo común, entonces es más probable que se gane su admiración.

Principio 4: Admita sus errores y acepte el peso de sus responsabilidades

Todos cometemos errores. Pero como líder, sus errores tendrán repercusiones que se extenderán a todo el equipo. Se le pedirá que tome decisiones rápidas con datos limitados. Inevitablemente, algunas de estas decisiones lo llevarán a usted y a su equipo por el camino equivocado. Y todos ustedes pagarán un peaje colectivo por este paso en falso. En tal circunstancia, lo más importante que puede hacer es reconocer el error y aceptar la mayor parte de la culpa, incluso si el error de cálculo no fue solo obra suya.

A menudo, cuando se consideran fallas complejas en una organización, es difícil identificar a la parte culpable. Lo más probable es que ninguna persona en la empresa (incluido el líder) tenga la culpa de ningún error. Más bien, las fallas catastróficas suelen ser el resultado de una cascada de *pequeñas* fallas que se han ido acumulando durante meses o incluso años. Sin embargo, a pesar de las múltiples causas del error garrafal, el rol de liderazgo lo llama a ser el chivo expiatorio del equipo. Debe soportar el peso de los pecados de su equipo y seguir avanzando a través del desierto, incluso cuando el viaje es difícil y el camino a seguir no está claro. Esta es la razón por la que la carga del liderazgo es tan pesada y por la que tantas personas prefieren *seguir* en lugar de *liderar*.

En el juego de póquer, a cada jugador de una mesa se le pide que se turne para barajar las cartas y repartirlas. A menudo, se usaba un objeto útil (como un Cuchillo Buck) para señalar al jugador actual al que se le encomendó la tarea. Así nació el término "pasar la pelota". Se refiere al acto de pasar tus responsabilidades a la persona que está sentada a tu lado.

Por supuesto, si está en una posición de liderazgo, entonces sus responsabilidades no se difieren tan fácilmente. Para recordarse constantemente este hecho, el presidente Harry S. Truman colocó un pequeño cartel en su escritorio que decía:

"El problema se detiene aquí".

Lo que significa que el cargo de presidente (siendo el cargo más poderoso del país) en última instancia soporta la carga máxima de responsabilidad, incluso por eventos sobre los que no tiene absolutamente ningún control, como desastres naturales, déspotas locos o los caprichos de los mercados financieros.

Si su objetivo es convertirse en un gran líder, entonces, como el presidente Truman, debe aceptar rápidamente la responsabilidad tanto de sus *errores personales* como de los errores de su equipo. Cuando cada miembro del equipo vea que la suma de todas las debilidades constituye el peso sobre sus hombros, entonces deberían apreciarlo aún más por soportar la carga colectiva.

Principio 5: Felicite a sus empleados cuando sea apropiado

Como jefe, debe comunicar sus órdenes con tacto y comprensión. Pero también debe comunicar elogios cuando sus órdenes se hayan llevado a cabo con éxito. Utilizar el refuerzo positivo es fundamental si desea brindarles a sus empleados la orientación que necesitarán para mantenerse en el camino, particularmente durante los períodos de cambio o incertidumbre.

En un entorno de oficina existe algo así como un "mal cumplido". A continuación, enumeramos tres tipos de cumplidos que debe evitar:

1. **Evite hacer cumplidos sobre rasgos superficiales, como la estética o las elecciones de moda.** Cuando elogie a sus empleados, asegúrese de que sus elogios sean reales, genuinos y pertinentes a la tarea en cuestión. Mencione la competencia o un comportamiento positivo del individuo. Y hágalo de una manera que deje en claro al personal que le gustaría que ellos también reconozcan y emulen ese comportamiento.

2. **Evite felicitar a los empleados por algo que se supone que deben hacer como requisito mínimo para el trabajo.** Si se encuentra elogiando a los empleados que simplemente logran llegar al trabajo a tiempo, entonces su admiración probablemente esté fuera de lugar. Las personas están diseñadas para continuar realizando comportamientos que resultan en retroalimentación positiva. Pero, si ya se espera que hagamos la tarea, o si la tarea no es particularmente extraordinaria, ofrecer elogios de este tipo puede disminuir el impacto de los elogios genuinos cuando realmente se justifiquen.

3. **Evite ofrecer elogios falsos para aliviar circunstancias incómodas.** El típico jefe "buen chico" tiene una tendencia a felicitar a los trabajadores sin importar la calidad de su trabajo. Probablemente haya tenido la desafortunada experiencia de asistir a una presentación terrible (realizada por un compañero de trabajo obviamente no preparado) solo para que el jefe o gerente exclame: "Está bien, estuvo muy bien, gracias". Salpicar a las personas con elogios superficiales de este tipo atenuará los efectos de los elogios bien ganados en el futuro. Así que tenga cuidado de dispensar elogios de esta manera. En su lugar, utilice los elogios como una forma de refuerzo positivo estratégicamente viable, no como el lubricante social que alivia una situación incómoda.

Parte de ser un buen jefe radica en saber cómo repartir la cantidad correcta de refuerzo positivo en el momento correcto. El grado de apoyo que brinde a cada empleado debe ser comparable con el grado en que el empleado fue más allá de su deber. Hay momentos en que se requiere una exhibición más grandiosa de elogios corporativos. Si su empleado salvó simultáneamente a la empresa de la bancarrota y de un ataque terrorista (todo antes del almuerzo), entonces el elogio ceremonial puede ser apropiado de inmediato. Pero también es importante reconocer adecuadamente las pequeñas victorias del día a día. Los mejores líderes entre nosotros no necesitan organizar un desfile para felicitar a alguien. De hecho, los líderes que inspiran más respeto saben cómo hacer sentir la luz de su aprobación con solo unas breves palabras de reconocimiento.

Principio 6: No acapare los reflectores

Como líder de equipo, es su trabajo guiar a su empresa por el camino del éxito y hacia metas financieras cada vez más ambiciosas. Pero debe perseguir estos objetivos y, al mismo tiempo, reconocer las contribuciones individuales de cada miembro del equipo. Este puede ser un ejercicio complicado. Así como puede ser difícil discernir qué compañero de trabajo tiene la culpa de una falla crítica, puede ser igualmente desafiante identificar qué individuo hizo la mayor contribución al éxito del equipo. Desafortunadamente, muchos jefes eligen resolver este problema de atribución simplemente aceptando cada victoria "en nombre del equipo". Tal estrategia suele dar lugar a disputas.

Steve Jobs a menudo es elogiado por su mente innovadora y con frecuencia se le atribuye el mérito de "inventar el iPhone". Pero Jobs tenía un gran equipo de diseñadores, programadores e ingenieros trabajando detrás de escena. El *director de diseño* de Apple, Jony Ive, lamentó la cantidad de elogios que Steve Jobs se apresuró a recoger. En una biografía de 2011 sobre su antiguo jefe, declaró:

> **Presto una atención maniática al origen de una idea, e incluso mantengo cuadernos llenos de mis ideas... Entonces, me duele cuando se atribuye el mérito de uno de mis diseños...**

Este tipo de desacuerdos evolucionará naturalmente después de cualquier esfuerzo grupal. Y cada persona en un grupo está predispuesta a percibir sus propias contribuciones como las más esenciales para la causa. Sin embargo, debemos tener en cuenta que Jony Ive fue más caritativo en su siguiente mensaje y agregó:

> **[Pero es cierto que] las ideas que surgen de mí y de mi equipo habrían sido completamente irrelevantes si Steve no hubiera estado aquí para impulsarnos, trabajar con nosotros y superar toda la resistencia para convertir nuestras ideas en productos.**

Los dos pasajes anteriores ejemplifican la vacilante complejidad que surge cuando intentamos rastrear la evolución de un esfuerzo exitoso. A menudo, incluso los propios miembros del equipo no están seguros de qué contribuciones fueron más fundamentales para dar vida al producto. Por lo tanto, como jefe, gerente o líder, lo mejor que puede hacer es esforzarse por mantenerse al tanto de las dificultades de atribución que inevitablemente surgirán después de cualquier esfuerzo grupal complejo. Y luego, ser amable en su voluntad de atribuir su éxito a los esfuerzos combinados del equipo que lidera. Esto no solo fomenta un sentido de confianza y camaradería entre los miembros del equipo, sino que también los motiva a seguir trabajando arduamente, buscando siempre la excelencia con el conocimiento de que sus esfuerzos son valorados y apreciados.

Incluso si alberga en secreto la creencia de que su propia destreza fue el componente más valioso en el éxito del proyecto, es prudente guardar esos sentimientos para usted y alentar a sus empleados a disfrutar del resplandor de la victoria cada vez que se presenten oportunidades tan fugaces.

- Sea rápido en asignar crédito a aquellos que trabajan para usted.
- Llame a los empleados individuales por su nombre cuando encuentre un momento para promocionar sus contribuciones únicas.
- Comparta el centro de atención con generosidad y gracia.

Sus empleados lo respetarán aún más por ello.

Principio 7: No tiene que gustarles a todos

Incluso cuando ha hecho todo lo posible por ser un jefe amable, cortés y juicioso, a veces sucede que las relaciones comerciales simplemente no funcionan. Para muchos jefes nuevos, una de las epifanías más difíciles que lograrán es darse cuenta de que *"no les gustarán a todos"*.

Y eso está bien.

No tiene que gustarle a todo el mundo. Cuanta más influencia y poder acumule, más enemigos atraerá. No hay suficientes horas en la jornada laboral para satisfacer a todos, así que ni lo intente. Como reconoció el fabulador griego Esopo en el año 500 a.C.:

Si tratas de complacer a todos, no complaces a ninguno.

Manejar las presiones sociales en competencia que inevitablemente surgen en cualquier entorno empresarial estresante es una gran parte de la tarea del liderazgo. Como una araña, debe aprender a manejar una telaraña de tensiones opuestas; debe armonizar los intereses contrapuestos de su personal de modo que se mantengan unidos como grupo y le permitan atrapar a su presa. En sus actividades comerciales, algunos hilos de su telaraña resultarán más útiles que otros, algunos tendrán que ser reutilizados y otros tendrán que ser cortados por completo.

Y eso está bien.

Este es el orden natural de las cosas. Su capacidad para administrar con éxito la telaraña de las muchas funciones de su fuerza laboral dará como resultado (idealmente) un entorno que fomente la colaboración innovadora y, por lo tanto, posicione mejor a su empresa para el crecimiento a largo plazo.

Cap. 2: Los grandes líderes saben cómo atraer, motivar y retener el talento

En su tratado político del siglo XVI "El Príncipe", Niccolò Machiavelli escribió:

El primer método para estimar la inteligencia de un gobernante es mirar a los hombres que tiene a su alrededor.

Mantener un equipo de empleados motivados, apasionados y dedicados es una de las partes más desafiantes del rol de liderazgo. El verdadero talento es raro. Es difícil encontrar un empleado que posea la *conciencia* para presentarse en el trabajo todos los días y la *inteligencia* para sobresalir en su oficio.

En su libro "Liderando Apple con Steve Jobs", el exvicepresidente de Apple, Jay Elliot, relató la observación de Jobs sobre la eficiencia atípica de los empleados altamente calificados. Jobs declaró:

Me di cuenta de que el rango dinámico entre lo que una persona promedio podría lograr y lo que la mejor persona podría lograr era de 50 a 1. Dada esa [proporción], se recomienda ir tras *la crème de la crème*... Un pequeño un

---

equipo de jugadores A+ puede correr en círculos alrededor de un equipo gigante de jugadores B y C.

Jobs estaba convencido de que un desarrollador de software excepcional podía hacer el trabajo de cincuenta desarrolladores promedio. Esa es una conjetura bastante sorprendente. Pero se han hecho observaciones similares en muchos otros ámbitos. El físico inglés Derek de Solla Price ha sido llamado "el padre de la cienciometría" (el estudio de la literatura académica). Cuando Price analizó la producción de trabajo de los colaboradores de la literatura académica, descubrió algo curioso. La ley del crecimiento exponencial de Price (o "ley de Price") establece que:

La mitad de las publicaciones provienen de la raíz cuadrada de todos los colaboradores que participan en el grupo de trabajo.

Lo que significa que, si tuviéramos que analizar 100 artículos escritos por 25 autores durante el año académico, ¡esperaríamos encontrar que solo 5 de los mejores autores escribieron 50 de los artículos! Los otros 20 autores solo escribieron uno o dos. Un gran desequilibrio...

Si mapeáramos la Ley de Price en el lugar de trabajo, entonces podemos inferir que:

- Si su empresa tiene 100 empleados, entonces solo 10 de ellos están haciendo el 50% del trabajo.
- Si su empresa tiene 10 empleados, entonces solo 3 de ellos están haciendo el 50% del trabajo.

Por supuesto, debemos señalar rápidamente que la *producción de los empleados* es difícil de cuantificar. La cantidad de horas que un empleado dedica a la oficina no necesariamente se correlaciona con su nivel de productividad. Y no todas las ocupaciones están al tanto del mismo nivel de variabilidad. Por lo tanto, es mejor tener cuidado al aplicar la Ley de

Price en todos los ámbitos. Pero deberíamos tomarnos un momento para apreciar cuán extraños son estos números:

En una oficina de 10 empleados, ¿solo 3 de ellos están haciendo la mayor parte del trabajo?

¿Podría ser eso cierto?

Si recuerda todas las oficinas en las que ha trabajado, esta formulación puede no ser una revelación para usted. La estimación ciertamente concuerda con mi propia experiencia laboral. Muchos han interpretado el descubrimiento de Price como indicativo del llamado "fenómeno de las estrellas de rock", que postula que, en cualquier cohorte de trabajadores, uno puede identificar fácilmente a un puñado de "estrellas de rock": individuos sumamente talentosos y altamente productivos que constantemente superan a sus compañeros de trabajo. Este fenómeno es bastante fácil de observar.

- Entre en una oficina llena de diez programadores y pídales que identifiquen a los tres mejores codificadores.
- Entre a un centro de llamadas lleno de diez vendedores y pídales que identifiquen a los tres mejores vendedores.
- Entre en un bar lleno de diez camareras de cócteles y pídales que identifiquen a las tres mujeres que reciben más propinas.

Por lo general, es bastante fácil para los compañeros de trabajo señalar a los que se destacan en un equipo. En la mayoría de las actividades humanas, la *creación de valor* es asimétrica. Por razones que siguen siendo un misterio, casi *siempre* ocurre que un pequeño grupo de personas sobresale en su trabajo, mientras que el resto de nosotros luchamos por mantenernos al día.

Los rasgos que se combinan para formar a un empleado estrella son difíciles de cuantificar y varían enormemente entre industrias. Pero, como jefe o líder de equipo, es *su trabajo* encontrar tantas estrellas de rock como sea posible.

La importancia de la retención de empleados

Es común que las empresas realicen un seguimiento de su *tasa de rotación*, es decir, el porcentaje de empleados que eligen irse durante el año calendario. Cualquier buen gerente de recursos humanos debería poder proporcionarle al jefe una estadística que refleje el gasto de cada rotación. Sin embargo, el problema con tales métricas es que no revelan el costo oculto que conlleva perder a un miembro del equipo.

Anteriormente mencionamos el fenómeno "estrella de rock" para hacer énfasis en la importancia de la retención de empleados. Todos sabemos que perder a un buen empleado es malo, pero perder a un empleado estrella es exponencialmente peor, especialmente si él o ella ha estado en la empresa durante un tiempo considerable. Cuando un empleado de este tipo renuncia, sale por la puerta con mucho más que su mousepad favorito. Toman todo el conocimiento acumulado, la experiencia y las relaciones con los clientes que se derivaron a través de su lugar de trabajo. Reemplazar tales recursos no cuantificables es mucho más costoso que simplemente reemplazar una alfombrilla de ratón. Para profundizar más en este punto, repasemos ahora tres de esos gastos.

Gasto 1: Relaciones perdidas

Algunas de las comunicaciones entre oficinas más importantes ocurren a través de canales secundarios: conversaciones que surgen durante una ronda de cervezas, en juegos de béisbol o durante el almuerzo.

- Tal vez su empleado recién perdido y el representante de ventas de su cliente eran apasionados por la pesca.
- Quizás fueron juntos a la escuela o crecieron en el mismo pueblo.
- Tal vez jueguen en el mismo equipo de softball.

Perder a un empleado significa perder el valor de la relación que este empleado ha nutrido a lo largo de los años. Además, si bien cada oficina tiene una lista de procedimientos enumerados, cada oficina también tiene listas de reglas no escritas y métodos tácitos.

- ¿Cómo debe responder el personal cuando un cliente antiguo se vuelve agresivo?
- ¿A quién debe acudir el personal cuando los cheques de nómina no se imprimen a tiempo?
- ¿A quién deben llamar cuando un huracán abre un agujero en el techo?

Tales consultas no se pueden escribir tan fácilmente en el libro de procedimientos operativos de una empresa. Los empleados de toda la vida están llamados a resolver exigencias tan impredecibles cada día. Y cada vez que perdemos a un empleado de toda la vida, perdemos la reserva de conocimiento específico de la empresa que tanto le costó ganar y que reside en su mente.

Gasto 2: Conocimiento perdido

Dependiendo de la industria, puede costarle a un empleador entre 2,000 y 100,000 dólares encontrar, contratar y capacitar a un nuevo empleado. Para algunos puestos pueden pasar de 10 a 24 hasta que el nuevo empleado pueda llenar adecuadamente los zapatos de un empleado de larga data recientemente perdido. Para una empresa joven, donde la información clave a menudo reside en la mente de unas pocas personas, tal pérdida puede ser paralizante.

En el mundo de la tecnología, el término "factor autobús" se usa a menudo para indicar la cantidad de riesgo que una empresa debe asumir durante el desarrollo de un producto de software. Su nombre se deriva de un experimento mental que pretende transmitir los peligros de confiar en el conocimiento de solo uno o dos empleados. El experimento mental se puede suponer en forma de una pregunta:

Si este empleado fuera atropellado por un autobús mañana, ¿estaría perdido todo el proyecto?

Perder a cualquier buen empleado es costoso. Pero, para algunos emprendimientos, la pérdida de un *empleado esencial* podría provocar la desaparición total del proyecto. Este "factor autobús" ayuda a enfatizar en el inmenso valor del conocimiento. Una empresa es tan buena como las mentes que la dirigen. Y cuando se pierde la información en estas mentes, también se pierde la empresa.

Gasto 3: Productividad perdida

Cuando un empleado se va, ¿cómo manejarán los demás empleados su carga de trabajo? Es una pregunta que todos los gerentes se ven obligados a considerar cada vez que queda vacante un puesto. El equipo afectado tendrá que ajustar su flujo de trabajo para compensar el par de manos faltantes. Pero, ¿por cuánto tiempo?

El aumento de la carga de trabajo en el equipo con poco personal puede conducir a mayores niveles de estrés, agotamiento, insatisfacción laboral, menor productividad y puede incitar potencialmente a más empleados a renunciar. Incluso si se encuentra un reemplazo adecuado, todavía hay un costo que asumir. Al nuevo empleado le llevará tiempo aprender los matices del trabajo y calibrar su estilo de trabajo con el de cada miembro del equipo. Revivir la dinámica del equipo perdido (es decir, lograr que este nuevo empleado sea tan productivo e integrado a la empresa como el anterior), puede llevar varios meses o incluso años.

Entonces, ¿cómo atraemos y retenemos el talento?

Ser un líder de equipo a menudo es similar a ser un pastor de ovejas. Justo cuando parece que un miembro de su rebaño trota muy bien, otro miembro se extraviará y tendrá que usar su ingenio y astucia para atraerlo de nuevo al equipo. Aprender a manejar los caprichos de su personal es una de las partes más desafiantes del rol de liderazgo. Los seres humanos son organismos complejos, con variados conjuntos de habilidades y personalidades. Es difícil encontrar un empleado que posea tanto la habilidad necesaria para llevar a cabo tareas complejas como la confiabilidad para ejecutar estas tareas de manera constante durante ocho horas al día. Los métodos que utilizamos para atraer a dichos empleados son comparables a los métodos que utilizamos para retenerlos. En resumen, nuestros esfuerzos se pueden resumir en una frase: *construcción de cultura.*

Construir una cultura próspera dentro de una organización ayuda a atraer nuevos empleados que estén interesados en algo más que un cheque de pago. Idealmente, el entorno cultural que resuena dentro de las paredes de su oficina atraerá a empleados talentosos que traerán nuevos clientes, inspirarán a su fuerza laboral e impulsarán a la empresa. En última instancia, es la *cultura de su empresa* la que determina si cada nuevo empleado se adapta a largo plazo o comienza a buscar ofertas de trabajo en LinkedIn durante la hora del almuerzo. No importa qué tan competentes sean sus habilidades de gestión de equipos, si su lugar de trabajo no atrae y retiene a personas talentosas, entonces su empresa fracasará. Es tan simple como eso.

El talento construye imperios.

Pero atraer verdaderos talentos requiere algo más que salarios altos y ventajas de oficina llamativas. Necesita ofrecer a sus empleados algo de valor que vaya más allá del mero material. Al intentar identificar tales ventajas etéreas puede comenzar por reflexionar sobre el estado actual de la cultura de su empresa.

¿Qué tipo de cultura tiene su empresa actualmente?

- ¿Ha fomentado un entorno de respeto mutuo en el que todos los empleados trabajan al unísono, impulsando la empresa hacia adelante en la búsqueda de una visión noble?
- ¿O su empresa consiste simplemente en un grupo de individuos con intereses dispares que hacen poco más que tolerarse unos a otros en la fiesta anual de Navidad?

Obviamente, nos gustaría que nuestro negocio funcionara más como lo primero que como lo segundo. En la siguiente sección describiremos seis principios fundamentales que deberían guiarlo en la construcción de una cultura de trabajo positiva y colaborativa que empodere a sus empleados e impulse el éxito de su negocio.

Los principios de la construcción de la cultura y la motivación del equipo

Principio 1: Identifique lo que valora

El primer paso es averiguar qué es lo que usted y su empresa buscan.

- ¿Cuáles son sus valores corporativos?
- ¿Cuál es su misión?
- ¿En qué piensa la gente cuando considera unirse a su fuerza laboral?
- ¿Qué representa su empresa?

Vale la pena tomarse el tiempo para reflexionar sobre estas preguntas. Porque solo respondiendo a tales reflexiones existenciales podemos desenterrar los cimientos sobre los cuales se construirá su cultura corporativa. Si desea atraer a personas que compartan su visión, primero debe saber exactamente cuál es su visión. Lograr la resolución de este problema ayudará a agudizar su enfoque en sus objetivos comerciales más esenciales. Lo que es más importante, una vez que su visión del futuro esté firmemente establecida dentro de su propia mente, será más fácil comunicar esta perspectiva a cualquier posible empleado.

La declaración de la *misión de la empresa* es el primer mecanismo por el cual transmitimos *nuestra razón de ser* al mundo. Una declaración de misión es una sola oración que describe por qué existe una organización y cuál es su objetivo principal. A menudo alude al producto o servicio que produce la empresa e intenta describir su filosofía y sus valores. La declaración de misión debe responder a tres preguntas básicas:

- **¿Qué hacemos?** (Es decir, ¿qué producto o servicio ofrecemos?)
- **¿Para quién lo hacemos?** (Es decir, ¿a qué segmento de la población atendemos?)
- **¿Cómo nuestro producto o servicio hace del mundo un lugar mejor?** (Es decir, ¿cómo mejoramos la vida de las personas?)

Quizás la mejor manera de redactar una buena declaración de misión es examinar primero algunas malas. A continuación enumeramos algunas de ellas:

- **Yahoo!:** Para deleitar a nuestras comunidades de usuarios, anunciantes y editores, todos unidos para crear experiencias indispensables y alimentados por la confianza.
- **Goodwill Industries:** Toda persona tiene la oportunidad de alcanzar su máximo potencial y participar y contribuir en todos los aspectos de la vida.
- **JetBlue:** Inspirar a la humanidad, tanto en el aire como en la tierra.

Cada una de las tres declaraciones de misión anteriores suena bien. Alcanzar el "máximo potencial" de uno, tener una "experiencia indispensable" e "inspirar a la humanidad" son sentimientos nobles, supongo... Pero cuando estás elaborando la visión de tu equipo, por lo general, es mejor evitar los eslóganes imprecisos. Tales artilugios no proporcionan una respuesta adecuada a nuestras tres preguntas:

- ¿Qué hacemos?
- ¿Para quién lo hacemos?
- ¿Cómo nuestro producto o servicio hace del mundo un lugar mejor?

Es mejor elegir una declaración que represente su visión corporativa de manera clara y sencilla. Compare las declaraciones de misión anteriores con las siguientes:

- **PayPal:** Para construir la solución de pago más conveniente, segura y rentable de la web.
- **Google:** Para organizar la información del mundo y hacerla universalmente accesible y útil.
- **LinkedIn:** Para conectar a los profesionales del mundo, haciéndolos más productivos y exitosos.
- **La Sociedad de Leucemia y Linfoma:** Para curar la leucemia, el linfoma, la enfermedad de Hodgkin y el mieloma, y así mejorar la calidad de vida de los pacientes y sus familias.

Observe cómo estas cuatro declaraciones de misión dejan menos espacio para la ambigüedad. Si desea inspirar a las personas para que se unan a usted en su viaje, entonces no debe ser impreciso sobre su destino. Las declaraciones de misión que describen objetivos específicos se prefieren frente a aquellas que simplemente ofrecen frases poéticas. No se desanime de soñar en grande y seleccionar una meta elevada, incluso aunque le lleve generaciones lograrla. Pero sepa que será mucho más fácil para sus empleados permanecer enfocados en su objetivo elegido si se articula de manera inequívoca.

Por supuesto, aunque su declaración de misión puede ser útil para transmitir sus valores fundamentales, la transmisión de la visión de su empresa no se detiene con un simple decreto de una sola línea. En cambio, el sentimiento debe repercutir en todo su lugar de trabajo y dar color a la forma en que se ejecuta cada transacción comercial. Idealmente, cuando los empleados actuales y potenciales piensen en su empresa, entenderán qué tipo de producto o servicio ofrece y qué tipo de cultura se esconde dentro de las paredes de su oficina. Su objetivo debe ser hacer que esta cultura sea lo más atractiva posible.

Principio 2: Invoque la "hipótesis del mundo justo"

Todos los mamíferos (incluidos los humanos) parecen tener una capacidad innata para discernir el valor y evaluar la "justicia" de una situación. Como todo padre sabe, los niños pequeños anhelan la coherencia y la justicia. Cuando un hermano recibe una galleta extra, el otro hermano se da cuenta rápidamente de la disparidad.

Las personas en su oficina no se comportan de manera diferente. En un experimento muy revelador realizado por el científico conductista canadiense Gad Saad, se les hizo la siguiente pregunta a los empleados:

¿Qué plan salarial preferirías tener?

- **Plan A**: Recibirá un aumento de salario de $500 y su colega también recibirá un aumento de salario de $500.
- **Plan B**: Recibe un aumento de salario de $600 y su colega recibirá un aumento de salario de $800.

Ahora, en igualdad de condiciones, la elección racional es el Plan B. Después de todo, ¿quién no elegiría un aumento de $600 en lugar de un aumento de $500? ¿Qué importa si su compañero de trabajo gana un poco más de dinero que usted? Seiscientos dólares son seiscientos dólares, ¿no?

Incorrecto.

Sorprendentemente, el 35% de los hombres y el 65% de las mujeres eligieron el **Plan A** sobre el **Plan B**. Tómese un momento para considerar lo que está pasando aquí. Muchos de los participantes en este estudio en realidad eligen ganar menos dinero, en lugar de vivir con el conocimiento de que su compañero de trabajo está ganando un poco más de dinero que ellos.

Es posible que mis lectores más maquiavélicos no se sorprendan con esta revelación, mientras que mis lectores más amistosos quedarán completamente estupefactos. El experimento ayuda a revelar las muchas tensiones que pueden surgir de manera tan natural dentro de su fuerza laboral.

- Diego de contabilidad gana más dinero que Santiago, también de contabilidad.
- Sofía tiene una oficina más grande que Valeria.
- Juan tiene el mejor lugar para estacionar.
- María consiguió un coche de empresa más bonito.
- José tiene el asiento junto a la ventana.

Todos poseemos mentes que siempre están involucradas en un proceso subconsciente para analizar el estado actual del entorno que se encuentra ante nosotros. Para cada situación en la que nos encontramos, nuestras mentes intentan evaluar el valor, identificar disparidades, evaluar amenazas, calcular riesgos e idear estrategias para tratar con los competidores. Nuestras mentes quieren creer en la hipótesis del mundo justo, un sesgo cognitivo que postula que las buenas acciones de una persona eventualmente serán recompensadas y todas sus malas acciones serán castigadas (al menos algún día).

Cuando percibimos algo como "injusto" (incluso en una pequeña cantidad), nuestras mentes toman nota de la disparidad. La acumulación de tales disparidades eventualmente resulta en una fuerza laboral infeliz. Por eso, como líder de equipo, es su deber tratar de manifestar la hipótesis del mundo justo en su lugar de trabajo. Esto implica promover la justicia, la equidad y la transparencia en sus prácticas de liderazgo y garantizar que todos los empleados sean tratados con respeto y dignidad. También implica crear una cultura que valore la diversidad de opiniones, fomente la comunicación abierta y la colaboración y brinde oportunidades para el crecimiento personal. Si bien nunca es posible complacer a todos, trate de hacer que el pequeño mundo dentro de las paredes de su oficina sea lo más justo posible (siempre que sea posible).

Principio 3: Identifique a sus pacificadores

Si bien es importante tomar nota de cuáles de sus empleados son los más capacitados y financieramente generadores con su tiempo, dichas métricas no deben ser el único medio por el cual se evalúa el valor de los empleados. Algunos miembros de su equipo pueden poseer un conjunto de habilidades menos cuantificables, como facilidad de palabra, capacidad de empatizar o un espíritu afectuoso.

La novela de Herman Melville "Billy Budd" ilustra muy bien a un individuo así. Billy era marinero en un barco mercante. Su inocente encanto juvenil y su carisma natural lo hicieron popular entre la tripulación. Todos estaban contentos de tener a Billy a bordo para el viaje. Pero la Marina Real tenía otros planes. La novela estaba ambientada en 1797. En ese momento, los marineros mercantes a menudo eran reclutados en contra de su voluntad. Cuando el teniente vio a Billy Budd decidió convertirlo en un marinero de la Armada. El capitán de Billy le rogó al teniente que liberara a Budd, diciendo:

> **Teniente, me va a quitar a mi mejor hombre, al mejor de ellos. Antes de embarcarme en el mar con ese joven, el castillo de proa de mi barco era un pozo de ratas de peleas. ¡Fueron tiempos oscuros! Pero llegó Billy y fue como un sacerdote católico interviniendo para tomar el control de una reyerta irlandesa.**

Es probable que haya trabajado en una oficina que tenía al menos un tipo de Billy Budd. Tales empleados tienen un cierto encanto. Poseen un conjunto de gracias sociales inefables que les permiten convertir un "pozo de ratas de peleas" en un lugar de trabajo armonioso y productivo. Pueden ser hombres o mujeres. Pero las mujeres a menudo tienen apodos reconocibles como "la esposa de la oficina", "la madre de la oficina" o (gracias al Universo Marvel) "Pepper Potts", nombradas así por la tenaz asistente personal del Hombre de Hierro.

Al identificar estas cuestiones, es importante comprender la diferencia entre "el talento" y los "administradores". El resultado de una oficina típica es amplificado por un puñado de genios altamente productivos que acechan en la trastienda y se gritan cosas unos a otros. Pueden ser excéntricos y abrasivos, pero los necesita porque son muy buenos. Sin embargo, la brillante habilidad con la que ejecutan su oficio no debería impedirle ver el valor de los demás empleados en su espacio de trabajo. El éxito comercial se logra combinando el conjunto de habilidades diversas y la disposición de varios empleados. Los individuos del tipo "Billy Budd" de su oficina (sus "pacificadores") pueden no ser sus mejores programadores, contadores o vendedores. Pero su mera presencia en la oficina puede tener un efecto unificador en el equipo. Son como la miel que mantiene unidos todos los trozos crujientes de granola. Sin ellos, todo el snack bar se viene abajo.

Principio 4: Reconozca los logros de los empleados y las pequeñas victorias

El ingeniero y estadístico estadounidense Dr. William Edwards Deming sabía un par de cosas sobre la gestión de empleados. Después de obtener un doctorado en matemáticas de Yale en 1928, Deming pasó gran parte de su carrera estudiando métodos estadísticos para la producción industrial y el control de calidad. En la década de 1950, Deming fue invitado a ayudar en los esfuerzos de reconstrucción posteriores a la Segunda Guerra Mundial en Japón. Allí dictó una serie de conferencias sobre el uso de la estadística para la mejora de los procesos de fabricación. En los años que siguieron, Deming haría muchos viajes a Japón, enseñando a cientos de ingenieros, académicos y gerentes sobre sus técnicas de control de calidad y teorías de gestión. Su trabajo se consideró tan esencial para la recuperación de Japón que la Unión Japonesa de Científicos e Ingenieros nombró un premio en su honor (el "Premio Deming") y el emperador número 124 de Japón, el emperador Hirohito, le otorgó la *Medalla de la Segunda Orden del Tesoro Sagrado* en 1960.

William Deming era estadístico, pero se apresuró a señalar que el valor de un empleado y su capacidad productiva total no se pueden deducir de un solo punto de datos. En cambio, fomentar un ambiente en el que el trabajo se complete con orgullo puede ser más valioso que cualquier medida numérica que podamos calcular. Conseguir un trabajo capaz de despertar tales pasiones puede ser más importante para los empleados que cualquier otro servicio ejecutivo.

Como líder, es esencial que siga animando a su personal a ir más allá de sus limitaciones preconcebidas. Pero esto no significa que nunca deba dejar que sus éxitos pasen desapercibidos. Cuando premia o elogia los logros de su personal, su aporte ayuda a condicionar su comportamiento futuro. Sin embargo, es tentador inferir que debemos recompensar las contribuciones de los empleados con incentivos financieros. Las empresas a menudo ofrecen certificados de cena, tarjetas de regalo o compensación basada en el desempeño. Si bien tales recompensas están bien, debemos señalar rápidamente que la compensación financiera solo debe ser un tipo de recompensa ofrecida. Hay muchas formas inmateriales de honrar a una persona. Tales reconocimientos inmateriales a menudo ocurren a través de ceremonias y rituales. En una era mucho antes de la invención del dinero, era a través de tales "rituales de honor" que grupos de humanos decían "gracias" a un individuo por una contribución sobresaliente al bien común. Participar en una ceremonia y ofrecer elogios públicos es algo virtuoso (y muy humano). Al tomarnos un momento para reconocer el trabajo de cada miembro del equipo esperamos inspirar a nuestra fuerza laboral a sentirse orgullosa de su trabajo. Cuando se hace bien, este sentimiento puede ser más generativo que un beneficio de oficina. Como dijo Deming:

...el orgullo por la mano de obra significa más para el trabajador de producción que los gimnasios, las canchas de tenis y las áreas recreativas... [Aparte del salario,] las

personas requieren… sus carreras [para ofrecer] oportunidades cada vez más amplias… [Oportunidades que] agregan algo a la sociedad —[tanto] materialmente como de otro modo.

El orgullo por la mano de obra se engendra en los empleados cuando creen genuinamente que sus contribuciones son valoradas, no solo por el jefe, sino por el equipo y la sociedad en general.

Hay muchas formas en que las empresas intentan transmitir al público las contribuciones de cada miembro del equipo. Quizás la táctica más exagerada es designar a un "empleado del mes" y colgar un retrato (a menudo torpemente humorístico) de su cara sonriente en la pared de la oficina para que todos lo vean. Si bien el sentimiento es agradable, existen muchos medios más ingeniosos por los cuales las empresas honran a los empleados.

Por ejemplo, la tradición dicta que los artesanos que trabajaron en un producto también pueden poner sus firmas en él. Esta tradición ha logrado permanecer con nosotros en muchos ámbitos.

- Steve Jobs tenía las firmas del equipo de desarrollo de Apple marcadas en la parte posterior de cada unidad que salía de la línea de ensamblaje de Mac.
- General Motors coloca una placa sobre sus motores V-8 de alto rendimiento que lleva el nombre del técnico que los ensambló.
- Las empresas de desarrollo web permiten a sus empleados colocar un archivo de texto (llamado "humans.txt") en la carpeta raíz del servidor web. La intención de este archivo es revelar los nombres de los humanos reales que trabajaron para construir el sitio web.
- Adobe Photoshop enumera los nombres de los programadores que trabajaron en el software en la pantalla de inicio, esa pequeña ventana que se muestra cada vez que el usuario ejecuta la aplicación.

Se pueden encontrar casos similares en todas las industrias. Un buen jefe se esforzará por encontrar un lugar adecuado para el reconocimiento público cada vez que surja la oportunidad. Es importante señalar aquí que el valor financiero real de la recompensa del empleado puede ser una preocupación secundaria. Para entender mejor por qué, considere el ejemplo de una medalla de oro olímpica solo vale unos 800 dólares. Esto ni siquiera sería suficiente dinero como para pagar el boleto de avión del atleta al evento. Sin embargo, para el atleta olímpico afortunado que gane la medalla, este elemento se convierte en una posesión preciada.

Recuerde: es el reconocimiento público de un logro lo que deja una impresión psicológica en el destinatario. La emoción de la victoria es fugaz. Si no trabajamos para idear algún tipo de ceremonia para atraparlo, entonces su resplandor se disipará rápidamente. Por lo tanto, cada vez que su equipo logre pasar un hito importante, tómese un momento para detenerse y reconocer sus esfuerzos. Esfuércese porque sea conocido por todos cómo la consecución de este objetivo afectó positivamente el ascenso del equipo a la gran montaña del éxito. Este tipo de refuerzo positivo brinda a los miembros del equipo una sensación de logro y confianza. Y la perspectiva de recibir el reconocimiento de los compañeros suele ser la mayor fuente de motivación interna.

La profesión de uno se cita constantemente como un impulsor de la satisfacción con la vida, capaz de empujarnos de manera confiable a los niveles más altos de la Jerarquía de Necesidades de Maslow. Como jefe, gerente o líder de equipo, cualquier cosa que pueda hacer para elevar a sus empleados en la escalera de la autorrealización dará como resultado una mayor satisfacción laboral para ellos y un resultado más productivo para su empresa.

Principio 5: Ofrezca a sus empleados una forma de proporcionar retroalimentación

Ser líder significa decir "no" a cien solicitudes por día. Y esto incluye las solicitudes de sus empleados. Sin embargo, se debe encontrar algún término medio en el que modere la necesidad esencial de enfocar sus esfuerzos comerciales con la posibilidad de que un empleado tenga una idea legítimamente buena y que se necesite una posible corrección de rumbo. Por eso es esencial proporcionar a sus empleados algún mecanismo para la retroalimentación. La naturaleza de este mecanismo depende de su estilo de gestión y del esquema de su jerarquía organizativa actual. Pero lo más importante es que fomente un entorno en el que las sugerencias potencialmente beneficiosas tengan un canal por el cual puedan filtrarse hasta la cima. Además, si bien sus empleados deben entender que nunca habrá suficiente tiempo y dinero para ejecutar cada nueva idea, también se les debe dejar en claro que no hay nada de malo en hacer sugerencias desde el lugar adecuado.

En un intento por comprender por qué las corporaciones a menudo se ven inundadas de problemas de comunicación, William Deming pasaba horas escuchando cintas de audio de conversaciones entre los trabajadores de la fábrica y la alta dirección. Para su consternación, Deming notó que los problemas de producción a menudo eran el resultado de situaciones que los trabajadores de línea habían identificado mucho antes de que ocurriera la catástrofe. Pero como tenían demasiado miedo de expresar sus preocupaciones a la alta dirección, los problemas se agravaban y finalmente llevaban a una situación desesperada. Como escribió Deming:

Nadie puede dar lo mejor de sí mismo a menos que se sienta seguro. "*Se*" viene del latín y significa sin… "*Cura*" significa miedo o cuidado. "*Seguro*" significa "sin miedo", sin miedo a expresar ideas, sin miedo a hacer preguntas... Permita que las personas se desempeñen al máximo asegurándose de que no tengan miedo de expresar [sus] ideas o preocupaciones.

Para Deming, esta libertad de "expresar sus ideas o preocupaciones únicas" tenía mucho que ver con brindarles a los empleados la oportunidad de ofrecer sugerencias sobre cómo se podría mejorar un proceso. Las corporaciones naturalmente desarrollan jerarquías en las que la comunicación entre departamentos se ve acentuada por las divisiones culturales y sociales. Por lo tanto, los gerentes deben esforzarse por garantizar que las líneas de comunicación permanezcan abiertas. Deming dijo:

Asegúrese de que sus líderes sean accesibles... Rompa las barreras entre [departamentos]. Las personas [que trabajan en] *investigación y diseño*... deben aprender acerca de los problemas encontrados... [por las personas que trabajan en] *producción y ensamblaje*.

Su equipo comprenderá que no hay suficiente tiempo en el día para implementar cada nueva propuesta. Pero debe quedarles claro que no hay nada de malo en hacer una sugerencia. Como escribió Nicolás Maquiavelo:

No hay otra forma de protegerse contra la adulación que haciéndoles entender a los hombres que decirte la verdad no te ofenderá.

Principio 6: Identifique lo que valoran sus empleados

En su búsqueda interminable para atraer y retener talento, es común que los jefes asuman que deben ofrecer a los empleados potenciales un conjunto de beneficios o paquetes de pago de alto nivel. Pero, como hemos tratado de enfatizar en este capítulo, si las comodidades de la oficina son lo único que vale la pena mencionar durante el proceso de contratación, es posible que termine contratando una fuerza laboral que solo está allí para obtener obsequios gratuitos. En lugar de tales sanguijuelas, su objetivo debe ser encontrar al *otro* tipo de empleado: el bicho raro que aprecia un ambiente de campus y un almuerzo gratis, pero desea aún más la emoción de una vocación desafiante.

Se estima que (para corporaciones más grandes) hasta el 75% de las contrataciones no coinciden con su nuevo puesto. Contratar a la persona equivocada puede ser costoso para la moral de la empresa, la productividad de la oficina y (especialmente) para la cohesión psicológica de su equipo. Su habilidad para atraer candidatos de alta calidad depende de su capacidad para crear un ambiente de trabajo que diferencie a su empresa de todas las demás organizaciones competidoras en su industria. Esto significa esforzarse por nutrir un lugar de trabajo atractivo en el que a los empleados se les brinde una vía por la cual puedan expandir su conjunto de habilidades y desarrollar sus aspiraciones profesionales.

Como jefe, es el entrenador y animador de facto del equipo. Los empleados buscarán en usted orientación, apoyo, motivación y (lo más importante) validación. Todos hemos trabajado en trabajos que odiamos; todos hemos hecho una mueca a nuestro reloj de alarma cuando nos sacó del sueño con el anuncio de otro día de trabajo pesado. Alternativamente, todos hemos trabajado en trabajos que amamos. A veces, la emoción de participar en esfuerzos productivos es tan embriagadora que el "trabajo" parece todo lo contrario. Durante tales episodios de inspiración, no se necesita un despertador para incitarnos a la acción. En cambio, las fuerzas de la motivación interna se agitan dentro de nosotros y esperamos cualquier desafío que el día tenga para ofrecer.

Entonces, ¿cómo vamos a conjurar estas misteriosas fuerzas motivadoras?

La motivación humana es algo extraño. Y, cuanto más lo estudies (cuanto más lo pienses), más extraño te parecerá. Los otros mamíferos pasan la mayor parte de su vida alimentándose, cazando y durmiendo. Pero los humanos somos diferentes. Vivimos nuestras vidas esforzándonos persistentemente por algo más.

En su libro más vendido "La sorprendente verdad sobre qué nos motiva", Daniel Pink analizó un famoso artículo del economista conductual Dan Ariely. En su investigación, Ariely planteó varias tareas que requerían diversos grados de trabajo mental y físico. Cada desafío de tarea se combinó con una jerarquía de recompensas financieras: quien hiciera mejor la tarea recibiría más dinero. Esto es comparable a la estrategia del "palo y la zanahoria" que casi todas las empresas del planeta utilizan por defecto. Sin embargo, sus hallazgos fueron sorprendentes. Como señaló Daniel Pink:

[Cuando las tareas] involucraban solo habilidades mecánicas, las bonificaciones [monetarias] funcionaban como se esperaba: cuanto mayor era el salario, mejor era el desempeño [del empleado]... Pero cuando la tarea requería incluso "habilidades cognitivas rudimentarias", [entonces,] una mayor recompensa conducía a un peor desempeño. Ahora, esto es extraño... Una recompensa más grande condujo a un desempeño más pobre, ¿cómo puede ser eso posible?

Tómese un momento para contemplar lo curiosos que son estos resultados...

Cuando la tarea del empleado requería pensamiento conceptual, esfuerzo creativo y una exhibición más impresionante de capacidad cognitiva, entonces *aumentar* su recompensa financiera en realidad podría *disminuir* su desempeño laboral. Aún se desconoce la razón por la que ocurre este fenómeno en el cerebro. Solo sabemos que el papel de los incentivos financieros parece ser secundario frente a otros factores como la autonomía, el dominio y el propósito. Estos rasgos comprenden el cóctel que estimula las fuerzas de motivación intrínseca dentro de la mente. Describamos ahora cada uno de estos tres rasgos:

Característica 1: Autonomía

La autonomía describe nuestro deseo de llevar una vida autodirigida. Tener la libertad de tomar decisiones para nuestras actividades diarias. Los empleados con "alta autonomía" tienen más libertad en las empresas y, a veces, se les anima a utilizar sus propias facultades lo mejor que puedan.

Para un ejemplo atípico de una empresa que se ha esforzado por despertar las fuerzas de la autonomía en su personal, no busque más allá de Google. Se alienta a los empleados de Google a dedicar el 20% de su tiempo a trabajar en sus proyectos favoritos. Por supuesto, la gran mayoría de estos proyectos nunca le dan a Google un solo centavo. En todo caso, le están costando a la empresa millones de dólares cada año en horas hombre perdidas: el 20% de cada semana laboral equivale a casi dos meses de trabajo al año. Sin embargo, su utilidad comienza a tener más sentido cuando uno se da cuenta de que Gmail, AdSense, Google Maps y Google News se originaron a partir de este bloque de tiempo del 20%.

Dependiendo del tipo de industria en la que se encuentre, es posible que no esté en condiciones de permitir que sus empleados dediquen tanto tiempo fuera de sus objetivos laborales principales. De hecho, cuando se verificó por última vez, se reveló que la mayoría de los empleados de Google rara vez dedican ni siquiera el 10% de su tiempo a tales proyectos adjuntos. Pero el espíritu de la regla puede ser más importante que el efecto de la regla en sí misma. Alentar a sus empleados a "pensar de manera autónoma" probablemente tenga un beneficio psicológico adicional que repercutirá en toda la empresa. En la mayoría de las oficinas, a menudo ocurre que los empleados podrían estar haciendo un trabajo más autónomo y de resolución de problemas independiente del que tienen actualmente. Por lo tanto, si administra el tipo de oficina donde las personas deben iniciar sesión antes de usar el microondas, entonces este nivel de control puede no ser propicio para fomentar un entorno en el que sus empleados asuman la responsabilidad independiente de hacer las cosas.

Característica 2: Maestría

La maestría describe nuestro deseo innato de volvernos competentes en nuestro oficio. Si bien el impulsor de este motivador sigue siendo un misterio, sus efectos son fáciles de detectar. Si alguna vez ha visto a un artesano (como un carpintero, un maquinista o un artista) trabajando como un esclavo en un banco de trabajo, entonces ha sido testigo de la búsqueda de la maestría en acción.

- La mente se vuelve hiperenfocada.
- Los sentidos están sintonizados y dedicados a completar el objetivo.
- El artesano se vuelve uno con su instrumento.

Cuando un trabajador está totalmente comprometido con la tarea que tiene entre manos, sucede algo mágico. El psicólogo húngaro-estadounidense Mihaly Csikszentmihalyi intentó describir este fenómeno en su libro de 1991 "Flujo: la psicología de la experiencia óptima". Él escribió:

[El "estado de flujo" ocurre cuando] las personas están tan involucradas en una actividad que nada más parece importar; la experiencia es tan placentera que la gente continuará haciéndola incluso a un gran costo, por el mero hecho de hacerlo.

Si bien es imposible mantener este nivel de concentración por mucho tiempo, es nuestro trabajo como líderes crear un ambiente que sea rico en los desencadenantes que provocan que tales estados mentales ocurran. Durante estos raros momentos, sus empleados se convierten en superhéroes y no requieren ningún motivador externo para realizar el trabajo.

Los gerentes a menudo cometen el error de suponer que tales niveles de compromiso laboral solo pueden conjurarse a través de incentivos financieros. A lo largo de este libro, he tratado de enfatizar lo contrario. Para comprender mejor por qué sucede esto considere la industria de los videojuegos. En 2022, los videojuegos comprendían un mercado estimado de 197,000 millones de dólares, eclipsando la valoración de 42,000 millones de dólares de la industria cinematográfica. A diferencia del cine, donde los consumidores simplemente se sientan y ven un espectáculo durante dos horas, los videojuegos requieren que el usuario dedique largas horas de práctica para dominar un conjunto de habilidades que no genera absolutamente ninguna recompensa financiera. De hecho, simplemente jugar el juego a menudo tiene un gran costo personal, físico y financiero para el jugador. Pero, si esto es cierto, ¿por qué tantos de nosotros estamos dispuestos a pagar el precio?

Si alguna vez se saltó el estudio para el examen de mañana para poder quedarse despierto toda la noche tocando un mando de Nintendo, entonces ha estado al tanto de las misteriosas fuerzas de la maestría. Algo dentro de usted desea profundamente derrotar al enemigo final en el Super Mario Brothers, aunque es muy consciente del hecho de que todo eso es una completa pérdida de tiempo. Sin embargo, a nivel carnal, quiere dominar el juego, quiere derrotar al enemigo final, quiere ganar la puntuación más alta.

¿Por qué?

Parte de la razón por la que los videojuegos logran atraer nuestra atención y estimularnos a la acción es porque ofrecen un sistema confiable de desafíos y recompensas. A medida que el jugador avanza en el juego, se encuentra con obstáculos de una variedad cada vez mayor. A medida que mejora su nivel de habilidad, también lo hace la cantidad de habilidad requerida para avanzar a la siguiente etapa del juego. El primer nivel de *Super Mario Brothers* es mucho más fácil que el último nivel. Esto es intencional, por supuesto. Los desafíos se vuelven progresivamente más difíciles para animarlo a seguir jugando. Cuando el nivel de dificultad del juego coincide exactamente con su nivel de habilidad actual, es cuando se logra el codiciado "estado de flujo". El siguiente diagrama ilustra este fenómeno.

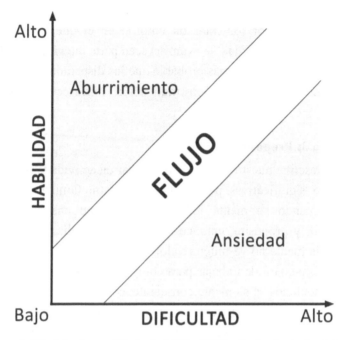

Figura 2: Modelo de equilibrio habilidad/dificultad adoptado del modelo de flujo de Mihaly Csikszentmihalyi (1992).

Tenga en cuenta las implicaciones de este esquema:

- Cuando el nivel de habilidad actual del jugador es bajo y la tarea es difícil, entonces el jugador experimenta ansiedad. Su mente sale del estado de flujo y se enfurruña por la frustración.
- Por otro lado, cuando el nivel de habilidad actual del jugador es alto y la tarea que tiene por delante es fácil, entonces el jugador se aburre, su atención disminuye y considera buscar otra cosa que hacer.

Cuando se trata de motivar a nuestra fuerza laboral, idealmente queremos que a nuestros empleados se les presenten desafíos profesionales que los exijan buscar el avance continuo de su conjunto de habilidades personales.

Por supuesto, no siempre es posible "gamificar" la escala corporativa de esta manera. Algunos trabajos requieren poco más de un empleado que labor servil y conciencia. Sin embargo, a pesar de la naturaleza de su industria, esfuércese por fomentar un entorno en el que los desafíos profesionales (y la oportunidad de avanzar) sean parte integral del trabajo en su empresa. Si lo hace, es más probable que los disparadores mentales que despiertan las fuerzas de la motivación intrínseca se activen naturalmente.

Característica 3: Propósito

El propósito describe nuestro deseo de participar en actividades que sean beneficiosas o significativas para nosotros, nuestra familia o nuestra comunidad. Cuando su mente inferior percibe que una tarea tiene verdadero valor y propósito, entonces lo alentará a realizarla. Por otro lado, cuando la mente no ve ningún valor inmediato en realizar la tarea, entonces lo desanimará de trabajar para completarla. Su sistema límbico introducirá emociones en su mente consciente, como aburrimiento, duda, fatiga y desesperación, y no se sentirá muy interesado en llevar la carga de trabajo. Cuantas más preguntas tenga sobre el valor inmediato de una tarea, menos querrá su cerebro hacerla.

Por eso es tan importante asegurarse de que sus empleados sepan que tienen un propósito. A menudo, el valor de cualquier empleado es obvio para el jefe, pero no para el propio empleado. El empleado podría pensar en sí mismo como un engranaje redundante en un mecanismo de relojería sin sentido. Por lo tanto, se debe hacer un esfuerzo constante para mostrar a los empleados *por qué* y *cómo* su trabajo es importante para el jefe, la empresa y los clientes. Es el trabajo del jefe comunicar la seriedad del propósito del trabajo al empleado. Esto implica describir todas las razones de la existencia del trabajo y explicar exactamente quién se beneficia de la realización de cada tarea. Es más probable que las fuerzas de la motivación se inciten si el empleado cree que el equipo o el cliente confían en la finalización exitosa de su trabajo. En algún nivel, la mente necesita saber que todo su trabajo está dando como resultado un producto que proporciona un beneficio tanto material como existencial a la humanidad, aunque sea pequeño.

- ¿Su aplicación de pedidos en línea me ahorra 10 minutos cuando tengo un antojo de sushi?
- ¿Su consultoría tiene un proceso que me ahorra 10 dólares cada mes en seguros de auto?
- ¿Su florería vende caléndulas coloridas que hacen que el día de mi esposa sea un 10% más brillante?

Aunque el producto o servicio que ofrece pueda ser modesto, esto no significa que su negocio no sea importante. Si usted y su equipo brindan un mínimo de valor al mundo (es decir, si saben cómo satisfacer una necesidad, saciar la sed, aliviar el dolor o hacer sonreír a las personas), entonces:

- Es importante.
- Su equipo es importante.
- Su empresa es importante.

Es mucho más fácil destruir que crear. La mayoría de las personas en este mundo no crean nada. Si lidera un equipo para crear un producto que sea de algún beneficio para la humanidad, entonces su empresa es justa. Es su trabajo seguir recordándole a su equipo este sentimiento. Es su trabajo dejar en claro a su equipo que los widgets que producen son importantes y valiosos para *alguien* y que se puede encontrar un mínimo de valor existencial en la profesión elegida.

- Recuérdele constantemente a su equipo que todo eso tiene sentido.
- Muéstreles que se puede encontrar un significado al hacer un gran trabajo.
- Convénzalos de que existe una razón noble y vital para la existencia de su ocupación.

Si puede hacer esto con éxito, estará en una mejor posición para desbloquear todo su potencial e inspirarlos a lograr cosas extraordinarias en la búsqueda de una visión compartida.

Cap. 3: Los grandes líderes utilizan la escucha efectiva

Cuando se trata de comunicación en la oficina, los jefes tienden a sucumbir a una dolencia que podríamos llamar "visión de túnel del proyecto". Este fenómeno ocurre cuando el líder de un equipo está tan concentrado en completar la tarea en cuestión que desarrolla una tendencia a ignorar los aportes de los empleados entrantes. Este hechizo visual no siempre es desventajoso. A veces, el conocimiento del jefe sobre una tarea es tanto que ningún comentario de los empleados será de mucho valor para él durante este tramo del trabajo. Sin embargo, cuando se trata de gestionar las complejidades sociales del lugar de trabajo moderno, ignorar la opinión de un empleado con demasiada frecuencia puede indicar que no se valora su presencia. Además, tener el hábito de descartar todos los comentarios entrantes puede hacer que el jefe saque conclusiones precipitadas y tome decisiones apresuradas antes de considerar todas las opciones disponibles que su equipo podría generar. Por eso es tan importante la *escucha efectiva*.

La escucha efectiva se define como la capacidad para:

Procesar la información transmitida durante una conversación de una manera que asegure que todo fue escuchado, entendido e interpretado adecuadamente.

En otras palabras, un jefe que está escuchando de manera efectiva a un miembro del equipo debería poder recibir el mensaje, reflexionar sobre él y luego contar con precisión la información que el empleado estaba tratando de transmitir. La finalización exitosa de esta tarea implica que el objetivo del empleado al iniciar la conversación se logró suficientemente.

¿Es bueno para escuchar de manera efectiva?

Como ejercicio, intente grabar el audio de sus reuniones matutinas. Luego, vuelva a la grabación más tarde esa noche, cuando esté en su casa y su mente haya tenido un par de horas para dejar atrás el ajetreo y el bullicio de la oficina. Siéntese en una habitación tranquila, cierre los ojos y escuche las conversaciones. ¿Le suenan diferente ahora?

- Es posible que escuche fragmentos de información novedosa brotando de la boca de su empleado, información que es tan crucial para el proyecto actual que tendrá problemas para comprender por qué no la tuvo en cuenta antes.
- Es posible que detecte una idea innovadora de un empleado que no recuerda haber escuchado nunca.
- Puede captar matices sutiles transmitidos en las oraciones pronunciadas en momentos clave de la reunión, particularmente durante los comentarios de apertura o cierre.

Si repite este ejercicio durante varias noches, todo el asunto puede ser muy esclarecedor. Puede proporcionarle una apreciación más profunda de la forma misteriosa en que el cerebro crea y almacena recuerdos durante el discurso rápido.

El ex abogado de la Casa Blanca, John Dean, fue objeto de un proyecto de investigación particularmente revelador luego de su testimonio de 1973 ante el *Comité Watergate del Senado* sobre las fechorías que observó en la administración de Nixon. Dean recordó sus interacciones con Richard Nixon con vívidos detalles y brindó un relato detallado de sus conversaciones en el Despacho Oval. Cuando más tarde se reveló que

Nixon había grabado a escondidas muchas de sus reuniones de oficina, el investigador de la memoria de Harvard, Ulric Neisser, comparó el testimonio de John Dean con el audio real de las cintas de Nixon. Las discrepancias que encontró se coñvirtieron en un caso de estudio para uno de sus muchos artículos sobre las peculiaridades de la memoria humana.

Durante su testimonio, John Dean describió con confianza y vívidamente sus interacciones con Nixon en la Oficina Oval. Sin embargo, al escuchar las cintas secretas, quedó claro que, si bien Dean pudo relatar ampliamente los hechos de los eventos que tenían lugar en ese momento, su recuerdo de los detalles de las conversaciones individuales era inexacto. Como escribió Neisser:

Muchas de las distorsiones reflejaban la propia imagen de Dean; tendía a recordar su papel como más central de lo que realmente era. Además, su memoria incluso para la "esencia" de las conversaciones era bastante pobre... Pero, aunque su testimonio a menudo estaba equivocado en términos de las conversaciones particulares que intentaba describir, Dean tenía fundamentalmente razón sobre lo que había estado sucediendo...

El caso de John Dean debería ayudarnos a comprender que la confianza que tenemos en nuestras propias habilidades de memoria a menudo está fuera de lugar. La forma en que recuerda una conversación de oficina a menudo no es la forma en que realmente comenzó la conversación. Aunque puede salir de cada reunión con una comprensión firme de las conclusiones alcanzadas, es posible que su mente no pueda aferrarse a los detalles de la reunión ni a las aportaciones individuales (buenas o malas) proporcionadas por cada empleado.

En tiempos más recientes, se produjo un episodio similar de rareza de la memoria cuando el periodista de NBC News, Brian Williams, fue criticado por el recuento exagerado del tiempo que pasó en un helicóptero Chinook durante la Guerra de Irak. El helicóptero de Williams era parte de un convoy que voló unos 30 minutos detrás de otro convoy que había esquivado por poco un disparo de RPG. El helicóptero de Williams recibió algunos disparos de armas pequeñas y luego realizó un aterrizaje de emergencia temporal debido a una tormenta de arena. Pero su relato de la historia varió a lo largo de los años:

- En 2003, Williams simplemente declaró que: "El Chinook que teníamos delante casi fue volado del cielo por un disparo de RPG".
- En 2007, dijo: "Miré por el tubo de un RPG que nos habían disparado y golpeé el helicóptero que teníamos enfrente".
- Finalmente, en 2013, Williams declaró: "Dos de nuestros cuatro helicópteros [incluido en el que yo estaba] fueron alcanzados por fuego terrestre (RPG y AK-47)... [Luego] aterrizamos muy rápido y con fuerza... Nos quedamos atrapados en el medio del desierto".

Después de que la historia de Brian Williams fuera cuestionada públicamente en febrero de 2015, la presidenta de NBC News, Deborah Turness, suspendió a Williams por seis meses. Cuatro meses más tarde, fue movido de su elevada posición y asignado a una redacción en MSNBC. Dado que, según los informes, Brian Williams tenía un salario anual de 10 millones de dólares, la historia que contó fue posiblemente la mentira más costosa jamás pronunciada.

Teniendo en cuenta los casos de John Dean y Brian Williams antes citados, debemos señalar rápidamente que ninguno de estos dos hombres estaba mintiendo abiertamente. En cambio, ambos estaban contando los eventos de sus vidas tal como los percibían, a través de la lente nebulosa de su propia experiencia subjetiva. Nuestros recuerdos están coloreados por las emociones, los sesgos y los prejuicios que traemos a cada interacción social. Nuestra percepción está modulada por nuestros niveles siempre vacilantes de estrés, hambre y fatiga. Por lo tanto, es prudente mantenerse alerta ante las limitaciones de su propia mente. Somos simios torpes que dependemos de cerebros equipados con facultades propensas a errores para absorber nueva información y memorizar viejos recuerdos. El ancho de banda a través del cual nos comunicamos es estrecho. Por lo tanto, debemos estar siempre atentos para permanecer conscientes de nuestros propios sesgos y posibles lapsos de memoria durante nuestras interacciones en la oficina. Y debemos tener cuidado con la confianza con la que insistimos en que nuestro propio recuerdo de eventos pasados es un archivo perfecto. Por lo general, no lo es.

Problemas comunes de comunicación

Normalmente nos comunicamos de cuatro maneras:

- Hablando
- Escuchando
- Escribiendo
- Leyendo

Si alguna vez se detiene a medir la cantidad de tiempo que dedica a hablar con sus empleados en comparación con la cantidad de tiempo que dedica a escucharlos, entonces probablemente encontrará que la proporción está bastante desequilibrada. Dependiendo de la naturaleza de la tarea, esto no siempre es algo malo. A veces el jefe debería hablar más que los empleados. Pero si está trabajando en un campo en el que se deben transmitir datos complejos a través de interacciones entre técnicos calificados, entonces su capacidad para escuchar puede ser más importante que su capacidad para ladrar órdenes. Aquí hay tres tipos de errores de escucha comunes:

1. La **"escucha selectiva"** sucede cuando un jefe solo escucha pequeños segmentos de una conversación, o cuando el jefe enfoca su percepción en solo uno o dos empleados en la sala de juntas e ignora a los demás.
2. La **"escucha pasiva"** ocurre cuando un jefe está aburrido o distraído con otras tareas mientras el empleado está hablando. El jefe puede asentir intermitentemente durante la conversación, pero no está escuchando activamente con toda su atención.

3. La **"escucha fingida"** sucede cuando el jefe está al alcance del oído del discurso, pero finge absorberlo. En estos días, la escucha fingida se puede detectar fácilmente cuando ves a alguien mirando su teléfono durante una conversación.

Si bien ninguno de nosotros puede evitar todas las distracciones y dedicar toda su atención a cada empleado que encuentra a lo largo de la jornada laboral, al menos debemos tratar de ser conscientes de los momentos en que nuestra atención disminuye y necesita realinearse.

Entonces, ¿cómo podemos mejorar nuestras habilidades de escucha?

El influyente libro de autoayuda de Stephen Covey *"Los 7 hábitos de la gente altamente efectiva"* fue un éxito instantáneo tras su publicación en 1989 y vendió 25 millones de copias en todo el mundo. Ofrece varios consejos interesantes sobre la gestión del tiempo y el crecimiento personal. Para nuestros propósitos aquí, vale la pena considerar el "Quinto Hábito" de Stephen Covey. Este dice:

Busque primero entender, después ser entendido.

Esta breve oración describe en gran medida la elevada virtud que es *escuchar de manera efectiva*. De hecho, su prescripción es tan ventajosa que creo que todos los líderes harían bien en escribir esta máxima en su escritorio y recitarla cada mañana cuando llegan a la oficina.

- "Busque primero entender, después ser entendido".
- "Busque primero entender, después ser entendido".
- "Busque primero entender, después ser entendido".

Stephen Covey pasó a recomendar un enfoque conversacional que adoptó del tratado de Aristóteles del siglo IV a. C. sobre el arte de la persuasión. Covey escribió:

Los primeros griegos tenían una filosofía magnífica, encarnada en tres palabras ordenadas secuencialmente: ethos, pathos y logos.

• *Ethos* es su credibilidad personal, la fe que la gente tiene en su integridad y competencia. Es la confianza que inspiras. [Es] tu Cuenta Bancaria Emocional.

• *Pathos* es [tu] lado empático. Es el sentimiento. Significa que estás alineado con la confianza emocional de la comunicación de otra persona.

• *Logos* es la lógica, la parte de razonamiento de la [conversación].

Cuando se comunique con su personal, trabaje duro para manifestar cada una de estas virtudes (*ethos*, *pathos* y *logos*), traducidas más libremente como "carácter, empatía y razón".

Nos tomaremos un momento para describir cada rasgo ahora continuación.

Virtud 1: Escuchar con Carácter

El carácter se define como "el conjunto de cualidades mentales y morales que son distintivas de un individuo". Un líder de "buen carácter" es alguien que posee un repertorio diverso de dotes sociales que le permiten guiar a su equipo con tacto, sabiduría y equidad. Asume la responsabilidad de sus errores, aprende de ellos y se esfuerza por enmendarlos. Además, actúa con amabilidad y empatía hacia su equipo y fomenta un ambiente de trabajo positivo y de apoyo. Al modelar constantemente buenos rasgos de carácter, los empleados llegarán a creer que las conversaciones que comparten con el jefe serán aceptadas con un espíritu de buena voluntad y discreción. Al hacerlo, el líder promueve una cultura de confianza, responsabilidad y respeto mutuo dentro de la organización.

Virtud 2: Escuchar con Empatía

La escucha empática implica que el jefe le conceda al orador un momento para aprovechar el lado más emocionalmente importante de una conversación. En un entorno de oficina acelerado, las discusiones pueden volverse acaloradas rápidamente. Por lo tanto, puede ser beneficioso para el jefe proporcionar a los empleados una salida a través de la cual puedan desahogarse y hablar con franqueza sobre los desafíos personales y las metas de la vida. Esto podría implicar cerrar la puerta de su oficina y permitir que los empleados individuales tengan un momento para hablar libremente sobre un tema que les causa estrés. Por supuesto, siempre debemos tener cuidado de no permitir que tales arrebatos ocurran con demasiada frecuencia; está dirigiendo una oficina, no el confesionario de un sacerdote. Pero, cuando se ejecutan correctamente, los intercambios que aprovechan los impulsores existenciales más profundos de la angustia del empleado pueden ser reveladores y fructíferos.

Virtud 3: Escuchar con Razón

A pesar de lo acalorado que pueda volverse un intercambio de oficina, es el trabajo del líder asegurarse de que el discurso desde la razón se imponga. Las decisiones deben tomarse partiendo de discusiones civilizadas, maduras y lógicas, no a través de diatribas apasionadas. Los buenos líderes saben templar sus pasiones con la razón y al escuchar la queja de un cliente o un empleado saben separar los hechos de las opiniones frenéticas.

Al dominar estas tres virtudes descritas anteriormente, esperamos crear una cultura de comunicación abierta, colaboración y comprensión mutua dentro de nuestra organización. Con suerte, su equipo llegará a sentirse escuchado, valorado y apoyado, y estarán más dispuestos a trabajar juntos para lograr sus objetivos compartidos. Como resultado, usted, el jefe, estará mejor acompañado para afrontar los muchos desafíos e incertidumbres del ámbito de trabajo moderno.

Cap. 4: Los grandes líderes tienen inteligencia emocional

¿Qué es la Inteligencia Emocional?

Piense en todos los maestros, entrenadores, jefes y mentores con los que ha interactuado alguna vez en su vida. Ahora, considere las siguientes preguntas:

- ¿Cuál fue el más inteligente?
- ¿Cuál fue el más amable?
- ¿Cuál lo inspiró a trabajar duro?
- ¿Cuál lo animó a ser su mejor yo?
- ¿Cuál fue el mejor líder?

Mientras reflexiona sobre estas preguntas, puede notar que las personas en su vida que tenían las mejores habilidades de liderazgo pueden haber fallado en otros aspectos. Además, los individuos que poseían el mayor grado de competencia e inteligencia pueden haber carecido de disposición para el liderazgo. Y ahí está el problema. El cóctel de rasgos que se combinan para formular la mente de un "buen líder" es misterioso. Es tentador pensar que los más inteligentes y sabios entre nosotros deberían ser los que ostentan las riendas del liderazgo. Pero el puesto requiere de una persona con un conjunto de habilidades matizadas, una que demuestre más que mero poder mental. Los líderes que logran influir más en las personas y obtener un gran respeto de su fuerza laboral a menudo no son las personas más inteligentes ni las más talentosas en la sala. Por el contrario, los líderes poseen un conjunto etéreo de rasgos que les permiten, de alguna manera, activar los misteriosos motivadores que residen en las mentes de las personas que lideran. Cualquier intento de cuantificar este cóctel de rasgos es un desafío controvertido. Pero el psicólogo estadounidense Daniel Goleman ha estado trabajando en esta cuestión durante años.

Después de obtener su doctorado en psicología de Harvard en 1973, Goleman cofundó *Colaboración para el aprendizaje académico, social y emocional* en la Universidad de Yale, y actualmente forma parte de la junta directiva del *Instituto Mente y Vida*. Su libro *"La Inteligencia emocional: Por qué es más importante que el cociente intelectual"* se convirtió en un éxito instantáneo tras su publicación en 1995, ocupando una posición en la lista de los libros más vendidos del New York Times durante más de un año. El libro ayudó a popularizar el concepto de "EQ" (Cociente Emocional), particularmente en contraste con el valor del "IQ" (Cociente Intelectual), del que tanto se habla. Al intentar definir la inteligencia emocional, los investigadores Peter Salovey y John Mayer propusieron que el rasgo se manifiesta en tres habilidades:

1. La capacidad de monitorear las propias emociones y las de otras personas.
2. La capacidad de reconocer y discriminar entre diferentes tipos de emociones.
3. La capacidad de usar información emocional para guiar el pensamiento y el comportamiento.

Gran parte del trabajo de Daniel Goleman se basa en su creencia de que (en un contexto empresarial) la inteligencia emocional puede ser más beneficiosa para los objetivos de gestión que el talento, la habilidad o el intelecto.

En 1998, Goleman escribió una influyente columna para *Harvard Business Review* titulada *"Qué hace a un líder"*. Hasta el día de hoy, sigue siendo una de las publicaciones más compartidas en el sitio web. En ella,

Goleman argumentó que los líderes más efectivos se distinguen de manera única, no por su alto IQ, sino por su alto EQ, el cociente que supuestamente mide cuánta inteligencia emocional posee un individuo. Como escribió Goleman:

Los líderes efectivos se parecen en un aspecto crucial: todos tienen un alto grado de "inteligencia emocional". No es que el coeficiente intelectual y las habilidades técnicas sean irrelevantes. Sí importan, pero principalmente como "capacidades de umbral"; es decir, son los requisitos de nivel de entrada para puestos ejecutivos. Pero, mi investigación, junto con otros estudios recientes, muestra claramente que la inteligencia emocional es [un requisito esencial] del liderazgo.

Goleman pasó a citar cinco rasgos que se manifiestan en los líderes con un alto grado de inteligencia emocional:

1. Autoconciencia
2. Autorregulación
3. Motivación
4. Empatía
5. Habilidades sociales

En este capítulo discutiremos cada rasgo e identificaremos cómo puede ser beneficioso en su papel como jefe o líder.

Los 5 rasgos de la inteligencia emocional para los líderes

Característica 1: Autoconciencia

En la antigua Grecia, el valor de la "contemplación reflexiva" se propugnaba con el aforismo latinizado como "*temet nosce*" o "conócete a ti mismo". Sócrates expuso esto en sus palabras:

Una vida sin examen no merece la pena ser vivida.

Es decir, cualquier persona que no se esfuerce por comprender los caprichos que bullen en las entrañas del cerebro, no es un ser despierto. No operan en el mundo con el nivel necesario de atención e intencionalidad que les permitiría tomar decisiones acertadas y emprender acciones decididas hacia sus objetivos.

Las personas que poseen un alto grado de autoconciencia pueden realizar fácilmente la introspección, para examinar sus propios comportamientos e identificar sus fortalezas y debilidades. Saben qué conjunto de estímulos desencadena los aspectos menos agradables de su personalidad. Y pueden tomar medidas para evitar situaciones en las que tales situaciones puedan incitarlos a hacer algo incorrecto. Por ejemplo:

- Si nuestro jefe sabe que los atascos de tráfico matutinos le hacen ladrarles a los empleados al entrar por la puerta principal de la oficina, entonces podría optar por entrar por la puerta trasera en días tan frustrantes.
- Si sabe que es demasiado indulgente con sus empleados después del almuerzo, entonces podría evitar discutir los aumentos salariales durante ese intervalo de tiempo.
- Si se da cuenta de que las llamadas telefónicas estresantes lo vuelven demasiado agresivo, entonces podría evitar asistir a las reuniones de la oficina después de colgar el teléfono.

Junto con la capacidad de manejar las limitaciones de su propio estado mental viene un cierto grado de humildad sobre su historial de éxitos comerciales pasados. Es posible detectar a un magnate de los negocios que no es consciente de sí mismo porque se mostrará reacio a hablar abiertamente sobre sus propios errores financieros. Aún más comúnmente puede exagerar sus éxitos y minimizar el impacto de sus defectos.

Para una persona consciente de sí misma, la honestidad es importante. Comprenden las peculiaridades de la mente humana y saben cuán absurda y propensa a errores puede ser una interpretación de su propia historia de éxitos. Es posible identificar a una persona consciente de sí misma por su uso del humor autocrítico y su disposición a compartir el crédito de un logro con sus compañeros de trabajo. Este nivel de franqueza se confunde comúnmente con debilidad. Pero este no es el caso. Los egomaníacos y los sociópatas no se involucran en el humor autocrítico, pero las personas psicológicamente sanas sí. Nadie espera que su líder sea perfecto. De hecho, los defectos genuinos que posee un líder en realidad pueden servir para reforzar su carácter e incluso ayudar a generar un sentido de devoción en su gente.

Característica 2: Autorregulación

Como cualquier otro mamífero, los humanos somos bendecidos (o malditos) con un aparato interno responsable de generar los estados siempre fluctuantes de nuestro mundo emocional: el sistema límbico. La capacidad de uno para regular con éxito este flujo y reflujo, para reducir y normalizar los picos y valles vacilantes de la emoción humana es el sello distintivo de una mente seria, templada y juiciosa.

La autorregulación es importante para el éxito empresarial. Los jefes que tienen el control de sus emociones, que son constantes, tranquilos y estoicos, ayudan a crear un ambiente de trabajo seguro y confiable para sus empleados. Si actualmente está trabajando en un campo que depende en gran medida del acceso a facultades cognitivas de nivel superior, entonces fomentar un ambiente de trabajo abierto y acogedor no solo es moral sino también esencial si desea atraer empleados con ideas afines.

Esta es la razón por la que tantas empresas de tecnología han adoptado el paradigma del espacio de trabajo del "campus".

Los jefes con poca inteligencia emocional están encerrados en una mente que existe simplemente como un reflejo de las agitaciones de su estado emocional minuto a minuto, alterados por cualquier nuevo punto de dolor que surja a toda velocidad en la conciencia. Tales tipos de personalidad tienden a manifestarse como el estereotipo de jefe "impulsivo", el tipo de jefe admirado únicamente por los escritores de dramas televisivos nocturnos. Estos cretinos tienden a ver a su personal como meras herramientas para sus propios diseños diabólicos y siempre parecen estar al borde de un ataque al corazón. Afortunadamente, estos gatos gordos enojados no duran mucho en la oficina moderna y su presencia parece más anacrónica cada año que pasa.

Si alguna vez se encontró con una empresa en la que todo parecía desmoronarse, donde los ejecutivos canalizaban dinero a sus propias cuentas, donde las ganancias eran exageradas y donde los empleados robaban del tazón de dulces, entonces, lo más probable es que la alta dirección de este lugar esté compuesta por hombres y mujeres que se ubican en los peldaños más bajos de la escala de inteligencia emocional. Es desafortunado que la capacidad de uno para manejar la mente sea un conjunto de habilidades que no se aprecie tanto como debería. Si está trabajando en un espacio de trabajo moderno (y a menudo bastante litigioso), entonces la utilidad de dominar este rasgo de autorregulación debería ser evidente.

Característica 3: Motivación

En su libro sobre el entrenamiento con el miembro de la Armada de los Estados Unidos, David Goggins, Jesse Itzler describió la "Regla del 40%" de Goggins:

…cuando tu mente te dice "terminaste", en realidad solo has terminado en un 40%. Y [David] tenía un lema: "Si no

apesta, no lo hacemos". Esa fue su forma de obligarnos a sentirnos incómodos, a descubrir cuál era nuestra línea de base y cuál era nuestro nivel de comodidad y simplemente poner todo patas arriba.

Si hay un rasgo que es el sello distintivo de todas las personas trabajadoras, es una ética de trabajo fanática. A los titanes de la industria les encanta trabajar. Son los que todavía están en la oficina a altas horas de la madrugada. Ellos son los que revisan los números, golpean las teclas de su computadora o practican la presentación del día siguiente por última vez. Tales líderes están dispuestos a seguir trabajando mucho más allá de la hora en que la mayoría de nosotros nos hemos dado por vencidos y nos hemos ido a casa. No son empujados a la acción por **motivadores extrínsecos**. En cambio, su impulso es alimentado por las fuerzas de la **motivación intrínseca**. Tomemos un momento para definir estos términos.

- Si un trabajador se ve obligado a trabajar en su cubículo por fuerzas externas, como la promesa de un gran sueldo o la ira de un jefe tiránico, entonces este trabajador está sujeto a **motivaciones extrínsecas**. Solo trabaja porque se ve obligado a hacerlo, por la promesa de una *recompensa* o la amenaza de un *castigo*.
- Sin embargo, si el trabajador está impulsado por algún deseo interno, como la búsqueda del dominio, la emoción de la victoria o la satisfacción de completar una nueva meta, se dice que los esfuerzos de esta persona están impulsados por una **motivación intrínseca**.

Para los hombres y mujeres de industria que han logrado encontrar una carrera capaz de despertar las fuerzas internas de la motivación intrínseca, su labor se convierte en mucho más que un simple empleo. No es simplemente una tarea que deben hacer para pagar las cuentas. Por el contrario, su trabajo es un *trabajo de amor* y una fuente de gran orgullo.

Característica 4: Empatía

La capacidad de empatizar es una habilidad poco apreciada, tanto en el lugar de trabajo como más allá de él. Las personas empáticas tienen la capacidad de percibir rápidamente el estado emocional de cualquiera que esté cerca. Y pueden conectarse sin esfuerzo con las personas cuando sienten que un vínculo más profundo será ventajoso.

La empatía requiere un procesamiento cognitivo de alto nivel, particularmente durante las conversaciones de negocios en las que la mente debe consumir una variedad de estímulos visuales y auditivos complejos de la cara y la boca del sujeto. Estos sutiles movimientos de los músculos faciales (llamados microexpresiones) y entonaciones vocales (incluidos el tono y el volumen) revelan las motivaciones ocultas de la persona con la que estás hablando. La capacidad de uno para leer una sala de juntas llena de doce personas, cuyos pensamientos internos y motivos ocultos pueden ser cuestionables, es de beneficio obvio en el mundo de los negocios. Los jefes que son particularmente talentosos en esta habilidad pueden (literalmente) leer la mente.

Característica 5: Habilidades Sociales

Todos somos conscientes del valor de tener buenas habilidades sociales. Las personas con habilidades sociales superiores tienen una capacidad única para navegar las complejidades de las relaciones humanas con facilidad, tanto en su vida laboral como en su vida familiar. El término es amplio y difícil de codificar. Pero Goleman nos proporciona una definición aquí:

Las habilidades sociales no son solo una cuestión de "simpatía", aunque las personas con altos niveles de habilidades sociales rara vez son malas. En cambio, las habilidades sociales pueden llamarse "amabilidad con un propósito". Esta habilidad le permite influir en las personas, es decir, lograr que estén de acuerdo con sus planes para una

nueva estrategia de marketing o que compartan su entusiasmo por un nuevo producto.

Su capacidad para obtener esta "amabilidad con un propósito" es invaluable en el mundo de los negocios. A todos nos gustaría creer que las asociaciones se forjan y las fortunas se hacen siguiendo un riguroso proceso de análisis de mercado y un discurso racional sobre cómo todas las partes pueden beneficiarse mutuamente del acuerdo. Pero no es así como suelen funcionar los negocios. En cambio, las personas generalmente eligen hacer tratos con usted en función de cuánto le guste. El mundo de los empleados de cuello blanco es donde sus habilidades sociales realmente se traducen en dólares.

Además, cuando se trata de administrar a su equipo, su devoción por usted generalmente no es el resultado de sus generosos beneficios de oficina, ni de su abultado paquete retributivo. Es bueno pagarle bien a su gente. Pero, en la mayoría de los casos, son estos otros rasgos, estas habilidades sociales, las que le permiten aprovechar el deseo primario de sus empleados, es decir, su deseo de vincularse con una tribu y perseguir un objetivo de beneficio mutuo. Satisfacer tales imperativos biológicos hará que su personal lo tenga en alta estima. Esto es bueno, porque, como escribió Nicolás Maquiavelo:

No es fácil conspirar contra el que es muy estimado.

Cuando se trata de administrar un equipo en el lugar de trabajo moderno, su inteligencia en bruto a menudo tiene menos utilidad que su *tacto*. Es útil recordarnos la definición de esta palabra. En un contexto de negocios, tener *tacto* es:

Tener un agudo sentido de qué hacer (o qué decir) para manejar hábilmente una situación difícil o delicada, evitando ofender a las partes involucradas.

Esta oración describe en gran medida la descripción del trabajo de un líder de equipo. Es su trabajo saber qué decir para mantener buenas relaciones, resolver situaciones políticas complejas y fomentar nuevas asociaciones. La palabra "tacto" proviene del latín *tactus* que se traduce como "tocar" o el "sentido de tocar". En inglés contemporáneo, se suele usar la frase "tiene el toque" para hablar de un artesano o a un músico usando sus dedos de manera refinada. Desarrollar este "toque" lleva años de práctica. Pero, como cualquier otra habilidad, se puede aprender con el tiempo. Como escribió Goleman:

…la inteligencia emocional se puede aprender. El proceso no es fácil… Pero los beneficios que se obtienen al tener una inteligencia emocional bien desarrollada, tanto para el individuo como para la organización, hacen que valga la pena el esfuerzo.

Los 6 Estilos de Liderazgo

Tras el éxito de su primer libro sobre inteligencia emocional, Daniel Goleman continuó estudiando el papel que desempeñaba el EQ en la facilitación de las interacciones interpersonales entre jefes y empleados. En su libro Liderazgo Primordial de 2001, Goleman describió seis estilos de liderazgo que su equipo de investigación pudo observar en los lugares de trabajo contemporáneos. Los denominó de la siguiente manera:

1. Dominante
2. Marcador del ritmo
3. Democrático
4. Afiliativo
5. Entrenador
6. Visionario

A continuación describiremos cada estilo.

Estilo de Liderazgo 1. Dominante

Los líderes que adoptan este estilo a menudo dicen: "Para completar esta tarea, solo haz lo que te digo que hagas".

El estilo dominante ejemplifica la concepción prototípica de un "líder" como se representa en un contexto militar, donde las órdenes se transmiten de generales a comandantes y de estos a soldados, todo a través de una cadena de mando incontrovertible. A los soldados no se les permite cuestionar estas órdenes ni se les pide que ofrezcan su opinión al respecto. La razón de esta regla es obvia: si cae una lluvia de cañonazos sobre tu posición, simplemente no hay tiempo para preguntarle a cada soldado su opinión sobre la mejor manera de formar una línea defensiva. En su lugar, los comandantes de campo deben tomar decisiones ultrarrápidas y desplegar activos militares en función de una evaluación rápida (y propensa a errores) de la situación. A pesar de estas deducciones apresuradas, se espera que los soldados "cumplan con su deber" y lleven a cabo el plan de batalla sin protestar.

Esta voluntad ciega de seguir órdenes fue famosamente representada por el poeta inglés Alfred Tennyson en su poema narrativo de 1854 *La carga de la brigada ligera.* Para describir la masacre de las unidades de caballería ligera británica después de una incursión desacertada contra las fuerzas rusas durante la guerra de Crimea, Tennyson escribió:

No estaban allí para replicar.
No estaban allí para razonar.
No estaban sino para vencer o morir.
En el valle de la Muerte
cabalgaron los seiscientos.
Cañones a su derecha,
cañones a su izquierda,
cañones ante sí
descargaron y tronaron.
Azotados por balas y metralla,
cabalgaron con audacia
hacia las fauces de la Muerte,
hacia la boca del Infierno
cabalgaron los seiscientos.

Aunque a la caballería se le dio una orden sin sentido que seguramente estaba condenada al fracaso, de todos modos, avanzaron hacia la posición rusa. El ataque que siguió resultó rápidamente en 278 bajas después de solo un par de horas de batalla.

Afortunadamente, en la oficina moderna, las repercusiones de nuestras decisiones no son tan brutales. Nuestras posiciones gerenciales normalmente no nos piden que enviemos soldados en misiones suicidas. Sin embargo, debemos tener cuidado con las repercusiones negativas que inevitablemente surgirán cuando se emplee este estilo de liderazgo. Los comandos que son emitidos bruscamente a modo de ladridos tienen el beneficio de empujar rápidamente a los empleados a la acción. Pero, como lo ejemplifica el poema de Tennyson, un estilo de gestión precipitado también puede conducir a errores precipitados. Esta es la razón por la que el estilo de liderazgo *dominante* es el más adecuado para *situaciones* de crisis en las que los juicios rápidos y decisivos son los *únicos* tipos de juicios para los que tenemos tiempo. Durante esos momentos, la supervivencia de la empresa puede depender del empleo de un líder fuerte y autoritario, que sea capaz de tomar decisiones rápidas, audaces y, a menudo, poco populares en el momento.

Los gerentes que adoptan el estilo de liderazgo "dominante" tienden a:

- Hacer valer su autoridad en cada situación.
- Señalar los errores de los empleados de inmediato y públicamente cuando ocurren.
- Tomar decisiones rápidas sin comentarios del personal.
- Ser fríos, calculadores, taciturnos o intimidantes al dar instrucciones a los empleados.
- Ignorar los objetivos de vida personal de los empleados.
- Despedir a los empleados a la primera señal de fracaso.
- Disuadir a los empleados de desviarse de la rutina establecida.

Ventajas

Como se mencionó, el mejor atributo del estilo de liderazgo *dominante* es su eficiencia. Si una parte responsable está dando órdenes a cada subordinado, entonces las decisiones administrativas se pueden tomar en un abrir y cerrar de ojos, sin la necesidad de involucrarse en un proceso democrático torpe y lento. Los líderes dominantes son libres de tomar la iniciativa, aprovechar las oportunidades fortuitas y llevar a cabo cualquier medida necesaria para perseguir los objetivos de la empresa a corto plazo.

Desventajas

Debido a que el estilo de liderazgo *dominante* se basa en el cumplimiento inmediato por parte de los empleados (y disuade la retroalimentación de los mismos), es el estilo que tiene menos probabilidades de generar una moral alta en los empleados. A los empleados no les gusta sentirse como meros engranajes en un mecanismo de relojería sin sentido. Si bien este nivel de autoritarismo puede ser útil en algunas circunstancias excepcionales, no debe adoptarse como una estrategia de gestión a largo plazo. Utilizar su posición de poder de esta manera eventualmente reprimirá la innovación y conducirá a una alta tasa de rotación de empleados.

Estilo de Liderazgo 2. Marcador del ritmo

Los líderes que adoptan este estilo suelen decir: "Para completar esta tarea debes hacer lo que yo hago. Y, por favor, no te quedes atrás".

Recuerde el Capítulo 1, en el cual discutimos el papel que juega la posición de *golpe* en un equipo de tripulación. La persona en la posición de golpe es el líder del barco, es quien marca el ritmo de remo para todo el equipo. Cada remero debe remar tan rápido como reme quien se encuentra en la posición de golpe. Si no lo hacen, sus remos chocarán y perderán la carrera. Este estilo que *marca el ritmo* es conocido por su enfoque de gestión exigente y de alta intensidad. Los líderes que prefieren este estilo suelen ser personas muy motivadas, siempre presionándose a sí mismos (y a quienes los rodean) hacia la excelencia.

Los gerentes que adoptan el estilo de liderazgo "marcador del ritmo" tienden a:

- Ejercer presión constante sobre sus empleados para que sean mejores.
- Alentar a su personal a buscar la perfección.
- Optar por la competencia sobre la cooperación.
- Examinar cada error de los empleados.
- Despedir a los empleados que se están desempeñando mal.

Ventajas

El estilo de liderazgo *marcador del ritmo* a menudo se puede observar en las primeras etapas del ciclo de crecimiento de una empresa. En este caso, el motor que impulsa a la organización puede ser alimentado por los esfuerzos de un solo empresario, cuyas habilidades en su oficio ya se perfeccionaron antes de fundar la empresa. En consecuencia, su ritmo de producción puede estar muy por encima del de los nuevos reclutas. El alto nivel de rendimiento que espera de ellos (y logra de sí mismo) puede actuar como una fuerza motivadora, un punto de referencia del cual el personal puede inspirarse.

Desventajas

Este estilo de liderazgo puede ser un desafío para las personas que no estén acostumbradas a trabajar en un entorno empresarial acelerado. Si el rendimiento del empleado es inferior al ritmo que se le exige, puede producirse el agotamiento. Si varios empleados no cumplen con las extenuantes demandas, entonces la integridad de toda la fuerza laboral puede verse afectada. Al igual que el *estilo dominante* discutido en la sección anterior, el *estilo marcador del ritmo* no debe utilizarse durante un período prolongado. Idealmente, los gerentes lo usarán con moderación y cambiarán a otro estilo de liderazgo cuando sea apropiado.

Estilo de Liderazgo 3. Democrático

Los líderes que adoptan este estilo suelen decir: "En tu opinión, ¿cuál es la mejor manera de completar esta tarea?".

El enfoque democrático del liderazgo prioriza la toma de decisiones participativa y una distribución equitativa del poder entre los miembros del equipo. Un líder democrático dedicará tiempo a asegurarse de que todos entiendan el plan, tengan voz en su ejecución y se sientan escuchados y comprendidos cuando se les consulte. En un ambiente de trabajo democrático, los líderes sirven como facilitadores del grupo, fomentando la colaboración y empoderando a su equipo en lugar de dictar decisiones. Este enfoque fomenta un sentido de propiedad e inversión entre los miembros del equipo, promoviendo un ambiente de trabajo positivo e inclusivo.

Los gerentes que adoptan el estilo de liderazgo "democrático" tienden a:

- Valorar las opiniones y aportes de cada empleado.
- Animar a cada empleado a ser un jugador de equipo.

- Proporcionar una vía para que cada empleado exprese sus opiniones e inquietudes individuales.
- Involucrar a cada empleado en el proceso de toma de decisiones.

Ventajas

El liderazgo democrático fortalece la moral y la cohesión de la organización, ya que, a través de él, los miembros del equipo se unen en la búsqueda de un objetivo común. Este enfoque fomenta la creatividad y una cultura de innovación en la que los empleados tienen la confianza para compartir sus ideas sin temor a represalias. Además, el proceso participativo de toma de decisiones puede llevar a cada empleado a creer que la dirección del curso actual de la empresa es el resultado de la aportación única de cada individuo (al menos en parte). Esta mentalidad puede conducir a una mayor motivación y moral de los empleados y contribuir al éxito general de la organización.

Desventajas

Dado que a cada miembro del equipo se le pide que dé su opinión sobre cada decisión, pueden producirse largas sesiones de intercambio de ideas. Por lo tanto, el proceso de toma de decisiones lleva mucho tiempo. Además, los desacuerdos entre los miembros del equipo pueden provocar un estancamiento, lo que puede detener el progreso de la organización. Por lo tanto, para las industrias sujetas a las fuerzas del mercado en rápida evolución, el estilo *democrático de liderazgo* puede ser demasiado lento para ser efectivo.

Estilo de Liderazgo 4. Afiliativo

Los líderes que adoptan este estilo a menudo dicen: "¿Cómo podemos asegurarnos de que todos trabajen en armonía para completar esta tarea?".

Los líderes *afiliativos* prefieren centrarse en construir relaciones con los empleados, crear armonía en el lugar de trabajo y promover un clima laboral positivo. Este estilo se suele utilizar en situaciones en las que las contribuciones individuales de cada miembro del equipo son necesarias para completar el objetivo comercial.

Los gerentes que adoptan el estilo de liderazgo "afiliativo" tienden a:

- Tomarse el tiempo para tener conversaciones personales con los empleados.
- Ser pacificadores cuando la oficina carece de armonía.
- Evitar la pedantería y la aplicación estricta de las reglas.
- Ser generosos y tener comentarios positivos.
- Ser rápidos para citar las contribuciones de empleados individuales.
- Construir comunidad.

- Vincularse con los empleados.
- Ver a sus empleados como personas reales con sus propios sueños y deseos.

Ventajas

Un *estilo de liderazgo afiliativo* puede fomentar sentimientos de confianza y lealtad entre los empleados. En tiempos de incertidumbre, en los que las perspectivas futuras de la empresa son sombrías, dichos bonos pueden ser invaluables. Además, el estilo afiliativo puede ayudar a incitar la iniciativa individual en la que los empleados están más dispuestos a probar cosas nuevas y asumir riesgos sin temor a represalias. Al crear un entorno en el que cada miembro del equipo se sienta como "parte de la familia", las organizaciones pueden fomentar un sentido de pertenencia, construir relaciones sólidas entre los miembros del equipo y, en última instancia, impulsar mayores niveles de colaboración y creatividad. Por lo tanto, el *estilo afiliativo* puede ser útil para empresas que buscan *crecer a través de la innovación*.

Desventajas

Al intentar reducir la fricción y mantener la armonía entre el personal, el gerente puede evitar tomar decisiones difíciles (pero necesarias), especialmente si siente que las ramificaciones de estas decisiones molestarán a los miembros del equipo. Al priorizar la *armonía* por sobre la *productividad*, el gerente puede fallar en responsabilizar a los miembros individuales del equipo por sus errores. La falta resultante de responsabilidad individual puede reducir los estándares de desempeño y obstaculizar el progreso de todo el equipo.

Estilo de Liderazgo 5. Entrenador

Los líderes que adoptan este estilo suelen decir: "Trata de hacer la tarea de esta manera y luego discutiremos los resultados".

Este estilo enfatiza en la comunicación personalizada entre el líder y cada empleado individual. Aquí, el gerente actúa como un "entrenador", brindando retroalimentación, orientación y oportunidades de desarrollo de habilidades personalizadas e inmediatas que fomentan el crecimiento y el desarrollo de cada miembro del equipo. Idealmente, al fomentar un entorno de apoyo, crianza y empoderamiento, este estilo de liderazgo puede ayudar a que los empleados se sientan valorados, comprometidos y motivados para mejorar.

Los gerentes que adoptan el estilo de liderazgo de "entrenador" tienden a:

- Hacer muchas preguntas sobre los objetivos y metas personales de cada empleado.
- Tomarse el tiempo para organizar reuniones individuales y sesiones de trabajo en equipo.

- Ayudar a los empleados a identificar sus propias fortalezas y debilidades.
- Delegar tareas cada vez más desafiantes a los empleados a medida que mejoran sus habilidades.
- Instar a sus empleados a salir de su zona de confort y esforzarse por lograr más.

Ventajas

Este estilo de liderazgo puede ser particularmente efectivo en empresas que prosperan gracias a la innovación y el ingenio. Al promover una cultura de aprendizaje continuo y desarrollo personal, se alienta a los empleados a asumir un papel más activo en el crecimiento de su conjunto de habilidades. Además, un buen entrenador puede ayudar a fomentar un sentido de propiedad y responsabilidad entre los empleados, lo que puede resultar en una mayor disposición a asumir nuevos desafíos.

Desventajas

Una desventaja del *estilo de liderazgo de entrenador* es la cantidad de inversión de tiempo requerida por parte del líder, ya que se espera que dedique recursos para comprender a cada miembro del equipo y sus necesidades únicas. Brindar este nivel de apoyo y orientación individual puede ser un desafío para un líder cuya cantidad de tiempo disponible ya es muy escasa. Mantener la consistencia entre diferentes equipos también puede resultar difícil, ya que las tácticas que son efectivas para un equipo pueden no serlo para otro.

Estilo de Liderazgo 6. Visionario

Los líderes que adoptan este estilo suelen decir: "Ven conmigo. Es posible que no sepa exactamente cómo completar estas tareas, pero no me detendré ante nada hasta que lleguemos a la meta".

Los líderes que adoptan el *estilo visionario* tienden a tener los ojos fijos en el horizonte del futuro. Están enfocados en lograr una visión lucrativa para la organización. Por lo tanto, establecen metas ambiciosas, persiguen la excelencia e inspiran a otros a soñar en grande y hacer realidad la visión de la organización. Los líderes visionarios tienen la capacidad única de ver el panorama general y alentar a su equipo a trabajar en colaboración para una misión común.

Los gerentes que adoptan el estilo de liderazgo "visionario" tienden a:

- Pintar una imagen de un futuro más brillante para que el equipo se esfuerce.
- Dar a los empleados la libertad de hacer el mejor uso de su propio tiempo.

- Compartir abiertamente todo el conocimiento que hará avanzar la causa.
- Crear un sistema transparente de premios y reconocimiento.
- Brindar a los empleados la oportunidad de expresar sus opiniones.
- Asegurarse de que todas las acciones de la empresa estén sincronizadas con el objetivo principal.
- Seleccionar una meta organizacional elevada que requiera que todo el equipo la alcance.

Ventajas

Un líder visionario tiene la capacidad de conectarse con los empleados a nivel emocional e incluso existencial. Al elaborar una visión convincente del futuro de la organización, los líderes visionarios pueden ayudar a los empleados a encontrar un sentido de propósito y significado en su trabajo. Además, al conectar las tareas individuales a un esfuerzo concertado más grande, los empleados pueden sentirse aptos para invertir más esfuerzo en su trabajo. Las ambiciosas metas del visionario pueden ayudar a fomentar una sensación de entusiasmo, creando así un ambiente de posibilidad y potencial donde los empleados se sientan motivados para tener éxito cuando lleguen al trabajo cada mañana.

Desventajas

Una desventaja de este estilo es que los líderes visionarios pueden ser impulsivos y propensos a cambios frecuentes de dirección, lo que genera confusión e inestabilidad para su equipo. Además, los líderes visionarios a menudo son muy exigentes y pueden tener problemas para comprender por qué cada persona del equipo no persigue la visión estimada con el mismo entusiasmo. Esto puede generar sentimientos de frustración y decepción cuando no se cumplen las expectativas. Si bien un visionario puede impulsar la innovación y el progreso, es posible que tenga dificultades con los fundamentos comerciales y que no pueda trazar un camino viable hacia el éxito.

¿Qué estilo de liderazgo es el adecuado para usted y su empresa?

Para repasar, enumeremos brevemente cada uno de los seis estilos de liderazgo de Goleman aquí:

1. Los líderes **dominantes** dicen: "Para completar esta tarea, solo haz lo que te digo que hagas".
2. Los líderes **marcadores del ritmo** dicen: "Para completar esta tarea debes hacer lo que yo hago. Y, por favor, no te quedes atrás".
3. Los líderes **democráticos** dicen: "En tu opinión, ¿cuál es la mejor manera de completar esta tarea?".
4. Los líderes **afiliativos** dicen: "¿Cómo podemos asegurarnos de que todos trabajen en armonía para completar esta tarea?".
5. Los líderes **entrenadores** dicen: "Trata de hacer la tarea de esta manera y luego discutiremos los resultados".
6. Los líderes **visionarios** dicen: "Ven conmigo. Es posible que no sepa exactamente cómo completar estas tareas, pero no me detendré ante nada hasta que lleguemos a la meta".

Además de proporcionar una taxonomía de estilos de liderazgo, Goleman y su equipo también intentaron medir el efecto de cada estilo en la moral de los empleados. El siguiente gráfico expone sus resultados.

El impacto del estilo de liderazgo en el clima laboral

Estilo de liderazgo	Impacto en el clima (lugar de trabajo)
Visionario	⊕
Entrenamiento	⊕
Afiliativo	⊕
Democrático	⊕
Marcar el ritmo	⊖
Dominante	⊖

Figura 3: Goleman sostiene que el clima del lugar de trabajo es mejor cuando los empleados trabajan para un líder visionario. El estilo de liderazgo dominante resultó en el peor clima laboral reportado.

Como era de esperar, a los empleados les gusta más trabajar para un *líder visionario* y menos para un *líder dominante*. O, para decirlo de otra manera, los empleados son más felices cuando se dedican a un trabajo que perciben como fundamental para la formación de los grandes diseños de un líder creativo y con visión de futuro. Y los empleados se cansan rápidamente de un líder que simplemente grita órdenes y se deshace de los integrantes de su equipo como si fueran mera carne de cañón en un campo de batalla.

Curiosamente, el estilo *marcador del ritmo* fue el segundo paradigma de liderazgo con mayor probabilidad de afectar negativamente el clima organizacional de la empresa. Los tres estilos restantes (*entrenador*, *afiliativo* y *democrático*) tuvieron un efecto neto positivo en el clima, aunque no tanto como el enfoque *visionario*.

Por supuesto, esto no quiere decir que cada estilo no tenga su utilidad. Como hemos intentado enfatizar a lo largo de este capítulo, diferentes circunstancias requieren diferentes roles de liderazgo. Como escribe Goleman, los líderes efectivos saben cómo:

…actuar de acuerdo con uno o más de [los] seis [estilos de liderazgo] distintos y [pueden] cambiar hábilmente entre estilos dependiendo de la situación.

Como líder, es su trabajo asumir el estilo de liderazgo adecuado en el momento adecuado. Un buen líder es lo suficientemente ágil como para cambiar de personalidad a voluntad.

- A veces tiene que ser el policía bueno y a vece tienes que ser el policía malo.
- A veces necesita adoptar la voz de la autoridad y a veces necesita ser la voz de la razón.
- A veces debe gritar en voz alta y a veces debe ser el que escuche las voces de cada miembro individual del equipo.

Así como adopta un estilo de conversación diferente con diferentes miembros de su familia, también debe estar dispuesto a modificar sus métodos de conversación a medida que cambia el clima organizacional de su lugar de trabajo con cada situación que pasa.

¿Qué estilo de liderazgo posee?

Si aún no ha descargado mi hoja de trabajo gratuita, navegue para obtenerla ahora mismo. En el interior encontrará un breve cuestionario que trata de analizar su disposición y revelar su estilo personal de liderazgo. Si está leyendo este libro en un Kindle o un iPad, puede hacer clic en el enlace a continuación. Por su parte, los lectores de libros de bolsillo pueden escribir el enlace en su iPhone o PC.

¡Gracias a todos! - Anthony

www.AnthonyRaymond.org/718

Cap. 5: Los grandes líderes dicen "no" muchas veces

En la universidad, el jefe de mi departamento tenía una nota adhesiva pegada en el teléfono de su oficina. Inscrita en texto negro grande, la nota contenía estas palabras:

___

"¡Di no!"

___

Como era el jefe de un departamento que supervisaba a cientos de profesores y miles de estudiantes, su tiempo era muy limitado. Por lo tanto, su política predeterminada era "decir no" a casi todas las solicitudes que llegaban por teléfono.

Todavía pienso mucho en esa nota. Aprender cuándo decir "no" (a casi todo) es una de las lecciones más valiosas que he tenido que aprender. Como propietario de un negocio, siempre recibirá una lluvia de quejas, críticas, oportunidades y consejos. Desde el momento en que llega a la oficina hasta el momento en que huye a casa, un aluvión de opiniones bombardeará su espacio de trabajo. Pero, como dice el refrán:

___

Las opiniones son como los idiotas, todos tienen alguno.

___

Su capacidad para determinar a qué señales prestar atención y qué ráfagas de ruido ignorar es crucial para una toma de decisiones y un liderazgo efectivos. Manejar esta relación señal-ruido es un delicado acto de equilibrio. Debe idear una manera de reconocer todos los aportes del equipo entrantc (y transmitir su agradecimiento por ello), al mismo tiempo que comunica que la empresa no tiene los recursos para atender cada consejo que se ofrece.

Y eso está bien.

Los empleados y clientes deben entender que no hay suficientes horas en el día (ni dólares en las cuentas) para atender la nueva solicitud de funciones o considerar la propuesta comercial de todos. En cambio, cuando acepte comentarios, escuche atentamente, reconozca que los comprende y dígales que los tendrá en cuenta. El mero acto de otorgar a la otra parte la oportunidad de expresar su opinión es, en sí misma, una señal de respeto y un reconocimiento a su contribución. Para la mayoría de las ideas entrantes, la mera señal de su reconocimiento es el único tipo de retroalimentación para el que alguien tiene tiempo.

Y eso está bien.

Adoptar este enfoque en los negocios puede ser más difícil de lo que parece. A medida que avance en el camino del espíritu empresarial, desarrollará rápidamente la gran capacidad de escuchar cada idea de negocio novedosa que flota en el éter. Y, luego, tendrá que elegir qué idea aprovechar y qué idea ignorar. Esta puede ser una decisión angustiosa de tomar.

- ¿Quizás esta nueva y atractiva estrategia de marketing sería aplicable a nuestra línea de productos?
- ¿Quizás deberíamos agregar esta función a nuestro software?
- ¿Quizás deberíamos crear un nuevo departamento para analizar esta tendencia de mercado emergente?
- ¿Quizás esta nueva aplicación móvil permitirá que el equipo se comunique de manera más eficiente?

Para algunos tipos de personalidad, puede ser muy difícil (incluso imposible) resistir la tentación de probar cada nueva idea. Muchos jefes sufren de la enfermedad de FOMO (el miedo a perderse algo). Están agobiados por la idea de que una empresa más rentable se vislumbra en el horizonte Y que, tal vez, si dedicaran tiempo y recursos a esta empresa, seguramente tendrían éxito.

En los libros de negocios populares se dice que un empresario que va de una tendencia a otra sufre del *Síndrome del Objeto Brillante*. Una persona afectada por esta dolencia es propensa a abandonar los objetivos de su proyecto actual cada vez que el destello atractivo de una idea brillante llama la atención. Por supuesto, los efectos perjudiciales de esta estrategia son obvios: perseguir una nueva idea significa necesariamente desviar recursos de la principal. Por otro lado, podría darse el caso de que este nuevo objeto brillante realmente valga la pena. Al considerar intereses tan divergentes, ¿cómo puede un empresario tener la esperanza de tomar la decisión correcta?

De cascos y sombreros de safari

Como líder empresarial, llegará continuamente a un punto de decisión (una y otra vez) en el que debe elegir dedicar recursos a *construir* o *explorar*. Es decir:

- Algunos días, el mejor paso de acción posible será simplemente arremangarse, ponerse el casco y comenzar a trabajar en su cartera de productos existente.
- Pero, en otros días, una nueva empresa se asoma. Y tendrá que ponerse su sombrero de safari y salir en busca de la llamada de la fortuna.

Figura 4 - Cada día, el jefe, empresario o líder debe decidir ser constructor o explorador. Es decir, debe optar por trabajar en su modelo de negocio existente o buscar nuevas oportunidades de negocio.

Tomemos un momento para ampliar esta dicotomía "constructor versus explorador".

¿Qué hace el constructor?

- El constructor construye.
- Se despierta temprano en la mañana y llega al lugar de trabajo con los planos en la mano.
- Sabe exactamente en qué trabajará hoy.
- Dado que es hábil en su oficio, ya conoce los pasos necesarios para terminar el trabajo.
- El constructor no toma riesgos extraños y no persigue ideas novedosas. No tiene que hacerlo. Sabe cómo hacer el trabajo porque lo ha estado haciendo durante años.
- Las tareas comunes del constructor incluyen la fabricación, las ventas y la comercialización de su línea de productos existente.

¿Qué hace el explorador?

- El explorador se aventura en territorio desconocido en busca de riquezas.
- Nunca está seguro de lo que traerá el día. Así que tiene que "tocar jazz", debe estar listo para *improvisar y adaptarse* a cualquier entorno nuevo en el que se encuentre.
- Debe estar dispuesto a correr muchos riesgos, porque el riesgo es parte de su trabajo.
- Sabe que la probabilidad de encontrar un gran éxito siguiendo cualquier camino es baja. Pero también sabe que *uno* de los caminos lo llevará a El Dorado. Su trabajo es encontrar el camino correcto.
- Las tareas comunes del explorador incluyen I+D (Investigación y Desarrollo), análisis de mercado e investigación publicitaria.

Teniendo en cuenta el paradigma anterior, pregúntese qué sombrero debe usar usted en la oficina.

- ¿Debería ponerse un casco o un sombrero de safari?
- ¿Debería ser un constructor o un explorador?
- ¿Debería estar trabajando para vender y perfeccionar su cartera de productos existente o estar buscando nuevos mercados para ingresar?

Obviamente, el viaje del emprendedor nos llama a todos a usar ambos sombreros. A veces deberíamos estar construyendo y otras veces deberíamos estar explorando nuevos lugares para construir. No podemos simplemente elegir hacer uno u otro. Porque:

- Si gasta todos sus recursos construyendo sobre su línea de productos existente, entonces no estará en condiciones de detectar una empresa más rentable cuando inevitablemente surja.
- Sin embargo, si gasta todos sus recursos explorando nuevas empresas, entonces nunca le dará a su empresa actual suficiente tiempo para prosperar.

Como empresarios, debemos atemperar nuestro insaciable deseo de explorar nuevos mercados, con la utilidad asegurada de concentrar nuestros esfuerzos en nuestra línea de productos existente. El truco para resolver este problema radica en llegar a una proporción que de tiempo para que ambos sombreros se usen. Por supuesto, la solución variará dependiendo de las particularidades de su industria y posición de liderazgo. Pero dados los desafíos inmutables del mundo de los negocios, es probable que deba usar su casco al menos el 70% del tiempo. Lo que significa que la gran mayoría de su jornada laboral debe dedicarse a *construir* en lugar de *explorar*.

¿Por qué?

Porque el negocio es difícil.

Es difícil vender un producto por más de la cantidad que pagó por él. Esta es la razón por la que tan pocas empresas logran producir más de una docena de productos exitosos. Y por qué tanto esfuerzo debe dedicarse a la *especialización*. Centrarse en una buena idea implica necesariamente decir "no" a un millón de otras buenas ideas. Su respuesta predeterminada a casi todas las buenas ideas que flotan en su oficina debería ser "no". Como Warren Buffett bromeó una vez:

La diferencia entre las personas exitosas y las realmente exitosas es que las personas realmente exitosas dicen "no" a casi todo.

Esto implica decir "no" a las distracciones típicas, como las reflexiones en las redes sociales, los correos electrónicos intrascendentes y la política de la oficina. Pero también significa decir "no" a las nuevas estrategias de marketing, las nuevas innovaciones y las nuevas solicitudes de funciones de los clientes.

- Pero, ¿y si el cliente tuviera una buena idea?

- ¿Qué pasaría si dijera "no" a una estrategia de marketing que realmente funciona?
- ¿Qué pasaría si decir "sí" a esta avalancha de nuevas ideas hubiera llevado a su empresa a aguas desconocidas (pero abundantes), en las que usted y su tripulación hubieran descubierto recompensas financieras más allá de sus sueños más descabellados?

Sí, ahí está el problema... Dado que el camino hacia el éxito a menudo se revela por casualidad, decir "sí" a la idea correcta lo hará rico. Pero dado que su tiempo en este planeta es breve, simplemente no tiene suficiente tiempo o recursos para perseguir cada nueva idea que se coloca encima de su escritorio.

Esta es la desafortunada realidad de nuestra existencia transitoria. No podemos predecir el futuro. El pasado es difícil de cuantificar. Y el camino a la riqueza está plagado de baches diversos y aleatorios, cada uno con la capacidad de derribar incluso a la procesión más firme. Como dice el refrán:

La mayoría de los pioneros mueren con flechas en la espalda.

Significa que:

- La mayoría de sus empresas probablemente fracasarán.
- La mayoría de sus estrategias de marketing no producirán resultados muy impresionantes.
- La mayoría de sus ideas brillantes no serán más que recuerdos oscuros.

Esta es la dura realidad de la innovación empresarial. Pero, afortunadamente, no necesitamos hacer un jonrón cada vez que bateamos. Para participar de las alegrías del éxito solo necesitamos acertar uno o dos.

Además, por lo general, es más probable que el éxito llegue al hombre que, al descubrir una veta de oro, la perfora todos los días, con firmeza, resolución y constancia. Por supuesto, el hombre que se aventure más abajo en el pozo de la mina puede lograr salir a la superficie con una fortuna mayor. Pero la mayoría de los hombres que bajan demasiado nunca logran resurgir.

Cuando finalmente desarrolle una apreciación por el inmenso valor del enfoque y cuando llegue a ver su tiempo como el recurso más preciado que administra, será menos probable que diga "sí" a cada pequeña idea de negocio que flote en su campo visual. En su lugar, comprenderá la necesidad de elegir sabiamente, seleccionando solo las empresas en las que tiene una buena razón para confiar. Como dijo el difunto gran Steve Jobs:

En la vida, no tenemos la oportunidad de hacer tantas cosas, y todas deberían ser realmente excelentes. Porque esta es nuestra vida. La vida es breve y luego mueres... La gente piensa que "concentrarse" significa decir "sí" a aquello en lo que tienes que concentrarte. Pero eso no es lo que significa en absoluto. Significa decir "no" a las otras cien buenas ideas. Usted tiene que escoger con cuidado. De hecho, estoy tan orgulloso de las cosas que no hemos hecho como de las cosas que he hecho. La innovación es decir "no" a 1.000 cosas.

Cap. 6: Los grandes líderes se centran en las competencias centrales

En 1990, el teórico empresarial C.K. Prahalad y el consultor de gestión Gary Hame publicaron un artículo en la revista *Harvard Business Review* titulado "La competencia central de la corporación". En su columna, argumentaron que una empresa no puede aspirar a seguir siendo competitiva a largo plazo si se basa en estrategias comerciales tradicionales. Por el contrario, la empresa debe identificar, enfocarse y capitalizar sus fortalezas más fundamentales, también conocidas como sus "competencias centrales". Escribieron:

> **Piense en una empresa diversificada como un árbol. El tronco [es el] producto principal. [Las] ramificaciones más pequeñas [son las] unidades de negocio. [Las] hojas [son los] productos finales. [Las competencias centrales son las raíces.] Nutren y estabilizan todo...**

Para comprobar si una capacidad particular de una empresa es una *competencia central*, Prahalad y Hame proporcionaron tres criterios:

- **Criterio 1:** El producto o servicio debe ser aplicable a una gran variedad de mercados. Por ejemplo, si produce pantallas LCD, entonces su producto tiene el potencial de ser utilizado en millones de dispositivos, desde periféricos de computadora hasta lavavajillas y calculadoras.

- **Criterio 2:** Su producto o servicio debe hacer una contribución significativa al valor del producto final. Lo que significa que lo que fabrica debe ser tan esencial para la creación final, que al fabricante le resultaría difícil completar su proceso sin su participación. Como el creador de las *Computadoras Dell*, Michael Dell, bromeó una vez: "No quiero estar en el negocio de las maquinillas de afeitar si no soy el que vende las hojas de afeitar".

- **Criterio 3:** Su producto o servicio debe ser difícil de imitar. Es decir, si uno de sus competidores alguna vez intenta replicar su éxito, preferiría que tenga un camino largo y lleno de baches por delante.

Al identificar nuestras competencias centrales, esperamos obtener conocimiento sobre las facultades comerciales en las que debemos centrarnos y qué recursos podemos utilizar mejor para diferenciar nuestro producto del de nuestros competidores. Trabajar para desarrollar un conjunto principal de competencias comerciales nos permite especializarnos en nuestro oficio, aumentando así tanto la eficiencia como la calidad con la que entregamos nuestro producto o servicio.

"Competencias centrales" versus "Capacidades comerciales"

Deberíamos notar rápidamente la diferencia entre "competencias centrales" y meras "capacidades comerciales". En la literatura comercial popular, los dos conceptos a menudo se combinan. En términos clásicos, una verdadera competencia central debe cumplir con cada uno de los tres criterios citados anteriormente, según lo definieron Prahalad y Hame en 1990. Pero muchos insistirán en que su definición es demasiado rígida y que una empresa puede tener otras competencias que, aunque difíciles de cuantificar, aún pueden contribuir al éxito empresarial. Vamos a enumerar ocho de tales competencias ahora continuación:

Competencia #1. Servicio al Cliente

Tal vez esté en condiciones de ofrecer un servicio al cliente estelar. Es decir, quizás su centro de llamadas procese solicitudes a una velocidad y un volumen muy superiores a los de sus competidores. O tal vez su programa de capacitación de empleados es tan grandioso que convierte a su personal de ventas en asociados brillantes y corteses que brindan servicio con una sonrisa.

Competencia #2. Velocidad de entrega

Puede que no venda la mejor pizza de la ciudad. Pero, ¿puede hornear, empaquetar y entregar la pizza en menos de 20 minutos? La variable de velocidad puede reemplazar a la variable de sabor frente a los ataques de hambre de sus clientes.

Competencia #3. Precio

¿Su línea de producción o su cadena de suministro funcionan tan eficientemente que puede vender el aparato más barato de la región?

Competencia #4. Poder de compra

Si su empresa ha existido por un tiempo y ha logrado hacerse con una gran parte de la cuota de mercado, entonces quizás su poder adquisitivo sea su mayor ventaja. Hay un gran valor en su capacidad para comprar, mover, almacenar y cumplir con grandes pedidos.

Competencia #5. Cultura

Es posible que no tenga la oficina más grande de la cuadra, pero tal vez tiene la más moderna. Una cultura empresarial atractiva puede ser más importante para las mentes jóvenes que tener un gran edificio de oficinas. Y las mentes jóvenes son los motores de la innovación.

Competencia #6. Asociaciones

Tal vez no haga los mejores widgets de la industria, pero conoce a alguien que sí los hace. Es valioso dominar el sutil arte psicológico de crear y mantener asociaciones estratégicas.

Competencia #7. Agilidad

Ser pequeño es un obstáculo citado con frecuencia, pero también tiene sus ventajas. Liderar una pequeña empresa significa liderar una empresa ágil. Un personal pequeño y dinámico puede hacer correcciones de rumbo rápidas a voluntad. Pueden volver a capacitarse, actualizarse o reenfocar sus esfuerzos rápidamente si los caprichos del mercado lo exigen. Como dice la frase: "Un barco pequeño es más fácil de navegar que un transatlántico".

Competencia #8. Diseño y elaboración

Quizás no pueda crear sus productos tan rápido como sus competidores. Tal vez no pueda construir tantos. Quizás sus precios no sean tan bajos como les gustaría a sus clientes... Pero su ventaja competitiva podría ser tener un equipo de diseñadores industriales maravilloso trabajando como esclavos en su oficina. Si sus productos se ven geniales, se sienten sólidos o suenan mejor que los productos de su competencia, entonces esas virtudes estéticas por sí solas podrían ser suficientes para influir en la decisión de compra de sus clientes potenciales. En un mundo donde los procesos de producción industrial son la norma, un trabajo de verdadera artesanía puede ser valorado aún más.

Entonces, ¿en qué es bueno?

Al examinar la lista anterior, es probable que pueda detectar un rasgo en el que su empresa o equipo tiene el potencial para sobresalir. Ya sea que llame a tales rasgos "competencias centrales" o meras "capacidades comerciales", no es particularmente importante para nuestra discusión aquí. En cambio, nuestro objetivo principal es transmitirle que, como líder de equipo, existe un gran poder al realizar un análisis crítico de sus fortalezas y debilidades para que pueda concentrar los recursos limitados de su equipo en los atributos comerciales que le brindan una ventaja en el mercado. En la siguiente sección describiremos una técnica, llamada FODA, que le ayudará a formalizar el proceso de identificación de sus competencias centrales.

Cómo realizar un análisis FODA

Para identificar los factores que le darán a su empresa una ventaja sobre la competencia puede ser útil realizar un análisis FODA. Un análisis FODA es una técnica de planificación estratégica que puede ayudar a los gerentes a evaluar la viabilidad presente y futura de su empresa, mediante el análisis de sus:

- Fortalezas,
- Debilidades,
- Oportunidades,
- y Amenazas.

Analicemos cada uno de estos cuatro factores ahora continuación.

Factor 1. Identifique sus fortalezas

Las fortalezas de su empresa son las funciones comerciales y las habilidades que la distinguen de sus competidores. Estas pueden incluir factores como la reputación de su empresa, el rendimiento del producto, el registro del servicio o las habilidades de marketing. Identificar sus fortalezas puede ayudarlo a enfocar sus esfuerzos en el conjunto de capacidades comerciales que le brinden una ventaja competitiva en el mercado.

Factor 2. Identifique sus debilidades

Sus debilidades son todas las áreas en las que su empresa necesita mejorar. Los sospechosos de siempre incluyen cosas como tecnología obsoleta, recursos limitados, servicio al cliente deficiente o falta de diferenciación en el mercado. Al identificar sus debilidades puede tomar medidas para abordar estos problemas y mejorar su posicionamiento en el mercado.

Factor 3. Identifique sus Oportunidades

Las oportunidades son factores externos que tienen el potencial de resultar en la expansión del mercado. Estas pueden incluir tecnologías emergentes, tendencias de mercado en crecimiento o un aumento esperado en la demanda de los consumidores. Al identificar estas oportunidades a tiempo, esperamos posicionar mejor a nuestra empresa para el crecimiento a largo plazo.

Factor 4. Identifique sus Amenazas

Las amenazas son factores externos que pueden afectar negativamente a su empresa, como cambios no deseados en la economía, mayor competencia, saturación del mercado o cambios en las necesidades de los consumidores. Idealmente, seremos capaces de identificar estas amenazas y ajustar nuestras perspectivas comerciales para que no nos sorprendan tales desafíos cuando inevitablemente surjan.

Un ejemplo de análisis FODA

Para comprender mejor el proceso, hagamos un análisis FODA rápido para una empresa hipotética. Para este ejemplo, suponga que posee o administra una empresa de diseño gráfico. Recuerde que el acrónimo FODA significa Fortalezas, Debilidades, Oportunidades y Amenazas. Consideraremos cada uno de estos cuatro factores y enumeraremos algunas respuestas de ejemplo que el propietario de un negocio podría proporcionar para cada consulta.

Factor 1. ¿Qué tipo de fortalezas es probable que tenga esta empresa?

- **Talento creativo:** el activo más valioso de una empresa de diseño gráfico suele ser su talento creativo. Una empresa con un equipo de diseñadores gráficos talentoso y experimentado puede crear diseños de alta calidad que se destaquen en el mercado. Esto puede ayudar a la empresa a ganar nuevos negocios y retener a los clientes existentes.

- **Reputación**: una empresa con una sólida reputación por ofrecer diseños de alta calidad, cumplir con los plazos y brindar un excelente servicio al cliente puede generar confianza y construir una base de clientes leales.

- **Portafolio sólido**: el portafolio de diseño es el vehículo a través del cual los posibles clientes aprenden sobre las capacidades de la empresa y el estilo de marca único. Un portafolio sólido mostrará el mejor trabajo de la empresa y atraerá nuevos negocios.

Factor 2. ¿A qué tipo de debilidades podría ser susceptible esta empresa?

- **Falta de diversificación:** una empresa de diseño gráfico que se enfoca únicamente en un área de diseño, como el diseño de impresión, puede tener dificultades para adaptarse a los cambios en el mercado y limitar la capacidad de la empresa para aprovechar las tecnologías digitales o de impresión emergentes.

- **Recursos limitados:** una empresa de diseño con recursos limitados (como un equipo pequeño con conocimientos tecnológicos mínimos) puede tener dificultades para satisfacer las necesidades de clientes de mayor valor con solicitudes de marketing valiosas.

- **Mala reputación:** una empresa de diseño gráfico con mala reputación puede tener dificultades para atraer nuevos negocios y retener a los clientes existentes. Una empresa que es conocida por entregar diseños de baja calidad, no cumplir con los plazos o brindar un servicio al cliente deficiente puede perder rápidamente su base de clientes.

Factor 3. ¿Qué tipo de oportunidades pueden surgir en el horizonte?

- **El aumento constante del comercio electrónico:** el aumento continuo del comercio electrónico ha creado nuevas oportunidades para que las empresas de diseño gráfico ofrezcan servicios de marca y comunicación visual a los negocios en línea. Una empresa que está bien posicionada para aprovechar este crecimiento puede beneficiarse de una mayor demanda de estos servicios.

- **La importancia de la identidad visual en el mercado digital:** A diferencia de los consumidores tradicionales en los puntos de venta, los consumidores en línea tienen acceso instantáneo a una variedad interminable de productos de la competencia. Por lo tanto, es vital que las empresas dediquen más recursos a la elaboración y comunicación de su mensaje de marca para diferenciarse mejor en el mercado digital.

- **El crecimiento de los medios digitales:** Las empresas de diseño gráfico tradicionalmente han ofrecido servicios de diseño para gráficas impresas y en versión web. Pero dados los muchos tipos de productos que se encuentran en el mercado digital emergente, es posible que se necesite trabajo de diseño para aplicaciones móviles, interfaces de usuario, personajes de videojuegos, imágenes generadas por computadora (CGI) y publicidad digital.

Factor 4. ¿Qué fuerzas del mercado pueden representar una amenaza para la empresa?

- **Mayor competencia debido a la globalización:** a diferencia de los productos físicos, los activos de diseño gráfico se pueden enviar a través de Internet. Esto hace que la entrega sea un juego de niños. Pero también significa que la empresa de diseño competirá potencialmente con cualquier otra empresa de diseño con conexión a Internet. La globalización permite a las empresas del otro lado del mundo competir con las empresas regionales.

Ante tales aumentos en la competencia, estas empresas pueden tener dificultades para mantener su participación en el mercado y pueden verse obligadas a reducir los precios para competir.

- **El auge de las imágenes generadas por IA:** las herramientas de diseño recientes habilitadas por IA pueden tener el potencial de alterar la industria. Pronto, la I.A. puede ser capaz de realizar servicios básicos de diseño de forma autónoma, eliminando así la necesidad de que los consumidores paguen por estos servicios.

- **Base de clientes pequeña:** una recesión económica puede afectar negativamente la demanda de servicios de diseño gráfico, ya que los clientes reducen sus presupuestos de marketing y recortan la cantidad de fondos que están dispuestos a dedicar a los servicios de diseño. Una empresa de diseño gráfico que depende de un pequeño número de clientes puede ser particularmente vulnerable a tales recesiones.

Cómo hacer un buen uso de su análisis FODA

Las opiniones difieren en cuanto a cómo exactamente se debe interpretar y actuar sobre los datos recopilados durante un análisis FODA. Mientras que algunos insisten en que las epifanías a las que llegue deben formalizarse y deben dictar la creación de sus objetivos comerciales inmediatos, otros postulan que tales sesiones son principalmente valiosas solo como un ejercicio de lluvia de ideas.

Un análisis FODA es particularmente útil en las primeras etapas del proceso de toma de decisiones, especialmente cuando intenta formular su perspectiva comercial y *comparar* su empresa. Recuerde que, en un contexto comercial, el término "evaluación comparativa" describe cualquier proceso mediante el cual se mide el desempeño de las capacidades de su negocio en relación con las de su competidor.

Por supuesto, el análisis FODA es solo un ejercicio de evaluación comparativa de muchos. Se pueden encontrar innumerables técnicas de planificación estratégica en la literatura comercial popular. Pero, idealmente, desarrollará su propio conjunto de procedimientos específicos de la industria mediante los cuales recopilará datos sobre sus fortalezas y debilidades. Lo más importante es que llegue a apreciar la utilidad de programar algún tipo de ejercicio de evaluación comparativa trimestralmente. Idealmente, mediante la evaluación rutinaria de sus fortalezas y debilidades puede persuadir a su mente para que permanezca al tanto de los obstáculos internos y externos que es probable que encuentre en el camino por delante. Esto es vital porque el panorama empresarial está en constante evolución. Cualquier estrategia que nos molestemos en formular requerirá modificaciones constantes, gracias a las muchas exigencias caóticas del panorama empresarial. Nuestros mejores planes pueden transformarse rápidamente en meras aproximaciones de nuestros grandes diseños. Como diría el filósofo polaco-estadounidense Alfred Korzybski:

El mapa no es el territorio.

Lo que significa que no siempre podemos esperar que nuestro modelo del mundo refleje correctamente la realidad. Todos los oficiales militares comienzan cada misión con un plan de batalla. Se les ordena completar cada objetivo de la misión tal como se describe en el mapa. Pero también se espera que improvisen y se adapten a las condiciones siempre cambiantes del campo de batalla. Los buenos líderes saben que deben estar constantemente inspeccionando el territorio, siempre en busca de un camino mejor. Esta es una tarea difícil de hacer para una sola persona. Pero no necesitamos reconocerlo solos. Afortunadamente, tenemos muchos pioneros a los que recurrir. Es decir, tenemos a nuestro equipo.

Si bien es posible realizar un análisis FODA solo (y a veces debería hacerlo), a veces es beneficioso convertir el ejercicio en un esfuerzo del grupo. Porque, lo más probable es que haya al menos un miembro de su equipo que haya estado sopesando en silencio alguna amenaza inminente en el horizonte.

- ¿Guadalupe almorzó con un proveedor que insinuó rescindir el contrato pronto?
- ¿Alfredo vio algo en la última feria comercial que lo asustó?
- ¿Valentina se enteró de que un competidor vecino se retira?

Quizás estos empleados tenían la intención de llamar su atención sobre esta información, pero aún no han tenido una buena oportunidad para hacerlo. Para evitar líneas de comunicación tan cortadas, acostúmbrese a consultar periódicamente a su equipo sobre su percepción de las fortalezas, debilidades, oportunidades y amenazas actuales de su empresa. Esto debería ayudar a garantizar que todos estén en la misma página y que usted, el jefe, no sea tomado por sorpresa, cegado por un problema que todos en la oficina conocían, menos usted.

La bifurcación en el camino

Después de realizar su sesión de evaluación comparativa programada, algunas de las preguntas que tenía sobre el futuro de su empresa serán respondidas, otras quedarán sin resolver y surgirán otras más. Si bien los métodos que utilice para realizar su análisis variarán, todo el asunto finalmente concluirá con un punto de decisión familiar. Llegará de nuevo a una bifurcación en la que deberá decidir cuántos recursos empresariales dedicará a la *construcción* y cuántos dedicará a la *exploración*.

Recuerde la dicotomía "constructor versus explorador" que discutimos en el capítulo anterior.

- El *constructor* que hay en usted quiere construir sobre su modelo de negocio actual. Él piensa que sus mejores esfuerzos se gastarían en cultivar y refinar las ruedas de la industria que ya están en movimiento. Es decir, cree que debería centrarse en sus competencias centrales.
- El *explorador* que hay en usted quiere aventurarse en un territorio desconocido en busca de riquezas. Él sabe que una bonanza podría resultar de una mayor inversión especulativa. Y está decidido a buscarlo, a pesar de su conciencia de los riesgos involucrados.

Los buenos emprendedores saben cómo moderar su "deseo de explorar" con su "necesidad de construir". Deben esforzarse por mantener sus oídos abiertos al sonido de la llamada de la fortuna, mientras se esfuerzan por desarrollar una apreciación saludable de la utilidad de centrarse en las competencias centrales existentes.

Después de realizar su análisis FODA debería tener una comprensión más clara de cómo dirigir de manera efectiva sus esfuerzos comerciales en el próximo trimestre. Con suerte, el análisis arrojará algo de luz sobre las preguntas típicas con las que lidian los líderes, tales como:

- ¿Debería nutrir sus relaciones con sus clientes existentes? ¿O debería dedicar recursos a encontrar otros nuevos?
- ¿Debería agregar características a su producto de software existente? ¿O debería contratar personas para crear una nueva aplicación?
- ¿Debería trabajar para reducir la fricción en su proceso administrativo actual? ¿O debería contratar a un nuevo gerente para que se haga cargo de la división?
- ¿Debería hacer más marketing para su línea de productos existente? ¿O debería intentar construir uno completamente nuevo?

- ¿Debería centrarse en las ventas o en I+D?

Por supuesto, llegar a la respuesta correcta a estas preguntas es diferente para cada industria y depende de las fuerzas del mercado del momento. Además, sus respuestas no siempre tienen que favorecer una búsqueda con exclusión total de la otra. Como se describió en el capítulo anterior, todos usamos un **casco** y un **sombrero de safari** en varios momentos de nuestras carreras. Pero, con suerte, al realizar de forma rutinaria un análisis comparativo de sus fortalezas, debilidades, oportunidades y amenazas, estará en una mejor posición para saber cuántas horas se debe usar cada sombrero durante la jornada laboral.

Expansión y contracción y expansión otra vez...

Más rápido, más fuerte, mejor, más grande...

Más rápido, más fuerte, mejor, más grande...

Nosotros, los humanos, parecemos estar motorizados por un impulso subyacente que nos obliga a expandir el tamaño del dominio bajo nuestro control. Este deseo probablemente se deriva de las mismas motivaciones que impulsaron a nuestra especie a atravesar el globo y alcanzar una población de ocho mil millones. Por supuesto, estas propensiones pueden culminar en resultados indeseables, como la guerra y el saqueo. Pero también pueden servir como catalizador para el progreso industrial y el avance tecnológico. Sin este deseo innato de volvernos más rápidos, más fuertes, mejores y más grandes, nunca hubiéramos desarrollado las numerosas innovaciones que nos hacen la vida más fácil.

Sin duda, así como las personas están cargadas de un impulso incesante para aumentar su esfera de influencia, también lo están las corporaciones. Son estos mismos impulsos los que motivan a los hombres y mujeres de la industria a convertir su tienda de la esquina en un conglomerado de empresas multinacional. Su éxito en la venta de un producto incita a la empresa a producir otro.

Y luego otro…

Y luego otro…

Pronto, la compañía está construyendo productos tangenciales de una variedad cada vez mayor. Y, eventualmente, las participaciones de la compañía se vuelven tan diversas que es necesaria una reestructuración corporativa y se crea una nueva marca paraguas para representar todos sus intereses. Aquí hay algunos ejemplos de reestructuración de cuatro de las marcas más reconocidas del mundo:

- **The Minnesota Mining Company** fue fundada en 1902 con la intención de extraer corindón en las colinas alrededor de Two Harbors, Minnesota. Esta empresa fracasó. Pero, al año siguiente, la empresa haría su primera fortuna vendiendo productos de papel de lija. En las décadas siguientes, la compañía agregó cientos de productos, incluidos cinta adhesiva, pegamento, productos farmacéuticos y dispositivos médicos. Dada la diversidad de su cartera, la empresa se reestructuró bajo la marca paraguas *3M*.
- **Virgin Records** era una pequeña tienda de discos con sede en Londres fundada en 1971 por Richard Branson. A través de una serie compleja de liquidaciones, adquisiciones y fusiones, Branson pudo convertir su modesto éxito en un conglomerado de empresas multinacional. Las empresas comerciales de Virgin ahora están representadas en las industrias hotelera, de cruceros, aeroespacial y de aerolíneas. Dada la diversidad de su cartera, la empresa se reestructuró bajo la marca paraguas *Virgin Group*.
- **Facebook** surgió del dormitorio de Harvard de Mark Zuckerberg en 2003. Cinco años después, mil millones de usuarios usaban la plataforma. Más tarde, la compañía adquirió Instagram, WhatsApp y Oculus VR. Dada la diversidad de su cartera, la empresa se reestructuró bajo la marca **Meta**.

- **Google** comenzó en 1996 como un proyecto de investigación estudiantil entre los amigos Larry Page y Sergey Brin en la Universidad de Stanford. Después de su salida a bolsa en 2004, Google tenía una capitalización de mercado de más de $23 mil millones. Desde entonces, la compañía ha incursionado en muchos dominios, incluidos los vehículos autónomos, la entrega basada en drones, la inteligencia artificial, el antienvejecimiento y la robótica. También compró YouTube en 2006 por 1650 millones de dólares. Dada la diversidad de su cartera, la empresa se reestructuró bajo la marca general *Alphabet*.

Obviamente, incursionar en mercados tangenciales era rentable para estas empresas. Sin embargo, esta lista no enumera los millones de intentos realizados por las empresas para expandir su cartera de productos, solo para descubrir que su estratagema estaba condenada al fracaso. Recuerde la frase del capítulo anterior:

La mayoría de los pioneros mueren con flechas en la espalda.

La mayoría de las empresas fracasan. Se han publicado muchas columnas de noticias sobre una empresa que se vio obligada a reconocer que uno de sus vástagos no había dado frutos. Esta respuesta generalmente va seguida de un decreto público en el que el CEO lamenta el fracaso y luego describe cómo la empresa pasará el próximo año "enfocándose en las competencias centrales".

Por supuesto, esta contracción de los intereses corporativos suele ser de corta duración. Inevitablemente, el deseo lujurioso de expandirse y explorar volverá a filtrarse en las fibras de la mente del ejecutivo. Entonces, una nueva idea echará raíces. Todos en la empresa insistirán en que esta nueva idea es aún más brillante y solvente que la anterior. Y, luego, el proceso de descubrimiento y expansión se reanudará una vez más. Este flujo y reflujo de los vacilantes intereses del mercado continuará hasta que la cartera de productos se amplíe con éxito o la empresa quede arruinada. Este fenómeno se ilustra muy bien en los siguientes ejemplos:

- **Apple Inc.**: Cuando Steve Jobs recuperó el control de Apple en 1998, supuestamente despidió a 3000 empleados y, en un esfuerzo por centrar los esfuerzos de la empresa en las competencias centrales, redujo la cantidad de productos Apple de 350 a 10. Sin embargo, a lo largo de los años, su línea de productos siguió creciendo constantemente. Ahora, en 2023, su cartera contiene productos tan reconocidos como iPod, iPad, iPhone, HomePod, Apple Watch y Apple TV.
- **37signals**: Más recientemente, se produjo un hecho similar de contracción y expansión con la empresa de software *37signals*. Fundada en 1999, la empresa proporcionaba inicialmente servicios de diseño web para empresas de Chicago. Pero a medida que la cantidad de usuarios de su producto insignia, *Basecamp*, comenzó a crecer, la empresa decidió abandonar la mayoría de sus otras empresas y centrarse únicamente en su desarrollo. En un esfuerzo por dirigir sus energías a su nueva competencia central, abandonaron su marca original en 2014 e insistieron en que 37signals ahora sería solo Basecamp. Sin embargo, en mayo de 2022, una nueva perspectiva comenzó a abrirse camino en la mente del fundador. La empresa volvió a su marca original y revivió el nombre 37signals una vez más. Su nueva cartera de productos ahora incluye su aplicación Basecamp, así como su nueva aplicación de correo electrónico *Hey.com*.

Este curioso fenómeno de expansión, contracción y expansión nuevamente es un subproducto natural del clima caprichoso de los negocios. Nadie sabe realmente qué nueva idea de negocio tendrá éxito y cuál fracasará. Pero cuando una falla, es normal que una empresa se retire al baluarte de confianza que reside en su territorio de origen. Es decir, es natural que una empresa vuelva a sus *competencias centrales* cada vez que fracasa un intento de expansión.

Por supuesto, esta retirada estratégica no tiene por qué ser permanente. Si Apple se hubiera negado a aventurarse fuera de sus competencias centrales en 2005, nunca habríamos tenido nuestros iPhones. Por eso, en este capítulo, hemos tratado de enfatizar la importancia del *equilibrio*. Tanto el *constructor* como el *explorador* deben aprender a trabajar juntos. Un buen líder empresarial debe ser consciente del gran valor que se obtiene al enfocarse en un mercado único en el que la cartera de productos de la empresa ya ha sido validada. Sin embargo, el líder también debe poseer el coraje, el sentido común y la astucia para ejecutar una corrección de rumbo cuando se ve una oportunidad más fortuita en el horizonte nebuloso.

Cap. 7: Los grandes líderes no son idiotas

La "personalidad tipo A"

En 1974, los cardiólogos estadounidenses Meyer Friedman y Ray Rosenman publicaron un popular libro de salud titulado "Conducta tipo A y su corazón". En él, Friedman y Rosenman intentaron mostrar cómo el comportamiento de una persona afecta su salud cardiovascular. Plantearon la hipótesis de que cierto conjunto de características observadas en una cohorte de la población (es decir, personas con una "personalidad tipo A") son propensas a estresar sus funciones corporales hasta el punto de dañar su salud personal. Para diagnosticar a sus pacientes, Friedman y Rosenman hacían preguntas de encuesta como:

- ¿Se siente culpable si utiliza su tiempo libre para relajarse?
- ¿Necesita ganar para poder disfrutar de un deporte?
- ¿Generalmente se mueve, camina y come rápidamente?
- ¿Con frecuencia trata de hacer más de una cosa a la vez?

¿Le suena familiar?

Tras su publicación, el arquetipo de Friedman y Rosenman logró calar en la cultura popular. En estos días es bastante común escuchar a los empleados lamentando el comportamiento de su jefe, exclamando que él o ella "tiene una personalidad tipo A".

Al describir su modelo, Friedman y Rosenman propusieron que las personas de tipo A podrían etiquetarse de la siguiente manera:

- impaciente
- competitivo
- rígidamente organizado
- extrovertido
- proactivo
- ansioso
- apresurado
- hiperalerta
- hostil
- impulsivo
- enojado
- exigente
- consciente del tiempo
- ambicioso
- agresivo

Tal vez la lista anterior de rasgos le recuerde a alguien que conoce, como un ex empleador, maestro, mentor o padre. Como está leyendo este libro, es probable que también note algunos aspectos de su propia personalidad en esta lista. Si lo hace, no se alarme demasiado todavía. La conexión entre estos comportamientos y la enfermedad cardíaca sigue siendo un debate polémico. Además, investigaciones recientes han demostrado que los individuos de tipo A superan a sus contrapartes de tipo B. En el competitivo mundo de los negocios, una mentalidad tan agresiva como esta puede ser más beneficiosa que una ambivalente. Este tipo de personalidad solo se vuelve problemática cuando las características descritas anteriormente se manifiestan en exceso. Es decir:

- cuando el jefe está enojado todo el tiempo,

- cuando es hostil en el lugar de trabajo,
- cuando toma decisiones precipitadas,
- o cuando es impaciente, beligerante o grosero con su personal.

En tales circunstancias, ya no nos referimos al jefe simplemente como una persona con una "personalidad tipo A". Por el contrario, nos referimos a él con otro nombre: "idiota".

La "regla de los no idiotas"

El Dr. Robert Sutton sabe un par de cosas sobre idiotas. Sutton es profesor de Ciencias Administrativas en la Escuela de Ingeniería de la Universidad de Stanford y ha pasado gran parte de su carrera estudiando a los jefes beligerantes. En 2007 escribió un libro influyente llamado "La regla de no idiotas". El libro ganó el *Premio Quill* al *Mejor Libro de Negocios* y ha sido muy influyente en el mundo corporativo. Muchos titanes de la industria actualmente afirman insistir en una regla de no idiotas. En una entrevista de 2008 con el Museo *Henry Ford de Innovación Estadounidense*, el fundador de SpaceX, Elon Musk, declaró:

Tenemos una estricta "política de no idiotas" en SpaceX. Despedimos a la gente si [son unos imbéciles]. Les damos una pequeña advertencia [primero]. Pero si siguen siendo unos idiotas, entonces están despedidos.

En los años posteriores a la publicación, Robert Sutton escribió otros dos libros relacionados: "Buen jefe, mal jefe" y "La guía de supervivencia para imbéciles". Todos los libros de esta serie giran en torno a un tema similar, a saber:

"No sea un idiota".

Hay muchos argumentos éticos que uno podría presentar en oposición al comportamiento de idiotas. Pero el enfoque de Sutton es más pragmático. Él postula que la introducción de idiotas en el lugar de trabajo tiene un efecto negativo en la moral y la productividad de los trabajadores. El escribe:

Cientos de experimentos muestran que los encuentros con personas groseras, insultantes y degradantes socavan el desempeño de los demás, incluidas sus habilidades para tomar decisiones, productividad, creatividad y voluntad de trabajar un poco más y quedarse un poco más tarde para terminar proyectos y ayudar a los compañeros de trabajo que necesitan sus consejos, habilidades o apoyo emocional.

Entonces, si tiene problemas para racionalizar ser un "buen jefe" simplemente por "ser amable", entonces al menos elija hacerlo porque el buen comportamiento mejorará sus resultados. Los lugares de trabajo sin idiotas parecen funcionar mejor que los lugares de trabajo que los respaldan.

Identificación de los idiotas

El Dr. Sutton identificó varias características reveladoras de los "jefes idiotas". Entre ellas:

- Insultar a los empleados
- Ser propensos a violar el espacio personal
- Ser aficionados al sarcasmo duro
- Ser rápidos para amenazar a los empleados
- Usar tácticas de humillación y vergüenza
- Interrumpir cuando conversan
- Traicionar a sus subordinados para avanzar en sus metas profesionales.

Si se encuentra mostrando alguno de los rasgos anteriores, entonces podría ser el idiota del que estamos hablando. El Dr. Sutton ideó el *Autoexamen de calificación de idiotas* (ARSE, por su nombre en inglés: *Asshole Rating Self-Exam*) (titulado con humor), una prueba que determina si realmente usted es un imbécil. El examen presenta una serie de preguntas de verdadero o falso, tales como:

¿Verdadero o falso?

- No confía en las personas que lo rodean y ellos no confían en usted.
- Ve a sus compañeros de trabajo como competidores.
- Cree que una de las mejores maneras de "subir la escalera" es empujar a otras personas fuera del camino.
- Interrumpe constantemente a la gente porque, después de todo, lo que tiene que decir es más importante.

Una docena más de estas preguntas aparecen en la prueba ARSE, y puede realizar la prueba en línea de forma gratuita si así lo desea. Pero la prueba no pretende ser académicamente rigurosa. Por el contrario, está destinada principalmente a recordarnos que controlemos nuestro propio comportamiento. Responder afirmativamente a cualquiera de las preguntas anteriores es indicativo de una persona idiota.

Por supuesto, todos nosotros hemos exhibido tales rasgos negativos en un momento u otro. Las interminables molestias de la vida cotidiana están siempre agitando nuestra sensibilidad, lo que dificulta mantener interacciones armoniosas a cada hora del día. No se puede esperar que nadie mantenga la calma en todas las situaciones. Pero hay una gran diferencia entre ser un idiota a veces y ser un idiota *todo el tiempo*.

La gente no quiere tratar con una persona que los menosprecia constantemente e interrumpe cada oración que sale de su boca. Tampoco quieren aguantar a alguien que los avergüence, los supere o viole su espacio personal. La adopción de tal persona obviamente resultará en problemas de personal indeseables. Los empleados pueden renunciar, quejarse ante Recursos Humanos o demandarlo. Pero incluso los empleados que, a pesar de su lengua mordaz, eligen permanecer bajo su empleo, generalmente no están muy contentos con su decisión. Pueden experimentar rápidamente depresión, ansiedad y agotamiento. Una fuerza laboral *triste* es una fuerza laboral *improductiva*. La moral de la empresa se verá afectada negativamente, al igual que la productividad, y se producirá aún *más* intimidación. Como jefe, es su trabajo evitar que este círculo vicioso se intensifique. Es su trabajo revisarse a sí mismo cada vez que comience a exhibir un comportamiento de idiota o cuando lo note en su personal; sus mandos intermedios y empleados tampoco pueden ser idiotas.

Recuerde, como jefe, usted establece el tono. Si es un idiota para sus mandos intermedios, ellos serán unos idiotas para el siguiente nivel de empleados en la jerarquía corporativa. Sí, el comportamiento de idiotas se filtra. Pero la cascada de turbulencias corporativas comienza desde arriba: con usted (el jefe o el líder del equipo). Es por eso que debe vencer a sus propios demonios si alguna vez espera matar a los demonios que lo rodean. Debe estar atento para controlar sus interacciones y ser rápido para evitar:

- hablar desde la emoción,
- saltar a conclusiones,
- rechazar opiniones contrarias,
- hacer demandas poco realistas,
- no admitir errores,
- negarse a reconocer las contribuciones de los empleados,
- y gritar a los subordinados.

Recuerde que en el Capítulo 2 discutimos el "Quinto Hábito" de Stephen Covey:

Busque primero entender, después ser entendido.

Los grandes líderes saben cómo convocar los espíritus de trabajo en equipo y camaradería. Entienden que las actividades humanas complejas y nobles solo se logran a través del esfuerzo cooperativo. Por lo tanto, si se encuentra en una posición de liderazgo, es mejor modificar su lenguaje y modales para que sean inclusivos, benévolos e indicativos de un jefe que se preocupa por los mejores intereses de su equipo. Como escribe Sutton:

...si quiere sofocar su idiota interno, use ideas y un lenguaje que enmarque la vida de manera que lo haga enfocarse en la cooperación.

Adoptar una personalidad tan benévola puede ser difícil para algunos jefes, especialmente si uno es un adicto al trabajo con una personalidad tipo A como se describe anteriormente. Las personas con una personalidad de tipo A son (desafortunadamente) más propensas a manifestar una personalidad de "idiota". Sí, hay un componente genético en el comportamiento de idiotas. Pero aprender a detectar estos comportamientos dentro de uno mismo es el primer paso para reducir esos impulsos.

El poder absoluto corrompe absolutamente

En una carta de 1887 a un colega académico, el historiador inglés Lord Acton expresó sus dudas sobre la doctrina de la infalibilidad papal. Aunque era un católico devoto, Lord Acton desconfiaba de otorgar tanto poder a un solo hombre. Él escribió:

El poder tiende a corromper y el poder absoluto corrompe absolutamente. Los grandes hombres son casi siempre hombres malos.

Esta curiosa ocurrencia —"el poder absoluto corrompe absolutamente"— ha logrado permanecer con nosotros a lo largo de los siglos. Tal vez la frase sea tan persistente porque se ajusta muy bien a nuestra experiencia. La mayoría de nosotros hemos tenido la oportunidad de observar cambios en una persona que recién ha aumentado su poder de alguna manera. Esta persona puede haber recibido un golpe de suerte, como un ascenso, un aumento de sueldo, un premio o incluso un billete de lotería ganador. Luego, poco después de experimentar este golpe de suerte, quizás nuestro nuevo exitoso comenzó a hablar un poco más alto. Quizás se volvió más asertivo. O tal vez comenzó a ser más probable que gritara sus demandas a todos los que estaban cerca.

La frase "el poder absoluto corrompe absolutamente" es una advertencia contra el hecho de permitir que la posición de uno influya en su comportamiento moral. Como jefe o líder, a menudo es difícil identificar la delgada línea entre el *policía bueno* y el *policía malo*. La acumulación de poder tiene un efecto neurofisiológico en el cerebro. Como Robert Sutton dijo:

…cuando se coloca a las personas en posiciones de poder, comienzan a hablar más, a tomar lo que quieren para sí mismos, a ignorar lo que dicen los demás, a ignorar cómo reaccionan las personas menos poderosas ante su comportamiento, a actuar de manera más grosera y, en general, a tratar cualquier situación o persona como un medio para satisfacer sus propias necesidades. Ser puestos en posiciones de poder los ciega al hecho de que están actuando como idiotas.

Es posible actuar como un idiota sin siquiera saberlo. O, tal vez más comúnmente, el jefe podría haber comenzado su carrera como un "buen tipo", pero en el camino se las arregló para adquirir algunos comportamientos parecidos a los de un idiota. Desafortunadamente, si no se controla, así es como reaccionará la mente recién empoderada.

"El poder absoluto corrompe absolutamente".

Ser consciente de la naturaleza perniciosa del *poder* (y su potencial para corromper incluso a la persona con las mejores intenciones) es uno de los aspectos más cruciales del liderazgo. Los romanos se tomaban tan en serio esta predilección que, tras una victoria militar, se hacía caminar a un esclavo detrás del general conquistador y susurrarle al oído:

Memento homo... Memento homo... (Recuerda, eres solo un hombre... Recuerda, eres solo un hombre...)

Afortunadamente, en la oficina moderna no hay necesidad del dramatismo del coliseo romano. Aun así, es bueno y apropiado que realicemos regularmente un ejercicio similar de introspección: analizar con calma y objetividad la ética del discurso por el cual navegamos en nuestra empresa e interactuamos con nuestro personal.

A medida que asciende por la montaña del éxito, siempre tendrá la tentación de citar su propia destreza, inteligencia y previsión como los principales impulsores de sus logros. Pero trate de permanecer humilde en cada paso del camino. Cuando llegue a la cima de un nuevo pico, tómese un momento para agradecer a las personas que lo ayudaron a llegar allí.

- En cada éxito, pregúntese si ha tenido el cuidado de reconocer las contribuciones de los miembros individuales del equipo.
- Pregúntese si su ego alguna vez lo ha llevado a minimizar el papel de un empleado para garantizar sus logros.
- Pregúntese si ha sido un jefe y un líder justo y juicioso.

En el mundo de los negocios de alto riesgo, los espíritus de competencia evolucionan naturalmente. Pero hay una diferencia entre mantener una "ventaja competitiva" y engendrar un lugar de trabajo tóxico atendido por idiotas maquiavélicos. Competir contra los miembros de su propio equipo es la forma más rápida de perder su respeto y garantizar el desarrollo de una cultura laboral venenosa. No cometa el error de percibir a sus empleados con movilidad ascendente como una amenaza. Los líderes que imponen el mayor respeto son los que realmente se preocupan por cada miembro del equipo y los que toman medidas para guiarlos por el camino del éxito siempre que sea posible.

Nemo resideo es una frase latina que se traduce como "no dejar a nadie atrás". La mitología griega está repleta de historias de bandas de héroes que rescatan a sus camaradas capturados por el enemigo. El espíritu de esta frase ha logrado mantenerse durante milenios, incluso apareciendo en las Fuerzas Armadas de los EE. UU.

- El credo de los Guardabosques del ejército de EE. UU., dice: "Nunca dejaré que un camarada caído caiga en manos del enemigo".
- El Credo del Aerotécnico proclama: "Nunca dejaré atrás a un Aerotécnico".
- El Credo del Soldado dice: "Nunca dejaré a un camarada caído".

Por supuesto, en una guerra real, los soldados se quedan atrás todo el tiempo. Algunos son enviados directamente a la línea de fuego con pleno conocimiento de que serán asesinados o capturados. Algunos son abandonados tras las líneas enemigas para que otros puedan continuar la misión. Las unidades de infantería se sacrifican en el campo de batalla como peones en un tablero de ajedrez. Esta es la dura realidad del combate. Y, sin embargo, persiste el espíritu del lema: *nemo resideo* ("no dejar a nadie atrás").

Los generales deben equilibrar su responsabilidad para con sus soldados de infantería y su responsabilidad de ganar la guerra. Los líderes empresariales se enfrentan a un dilema similar. Como jefe, puede ser difícil equilibrar su obligación con la empresa y su obligación con cada empleado. Al mismo tiempo, debe perseguir los objetivos de la empresa mientras busca los objetivos únicos de cada trabajador.

Desafortunadamente, así como es imposible ganar un juego de ajedrez sin sacrificar algunos peones, es igualmente imposible tener éxito en los negocios sin hacer recortes ocasionales en su fuerza laboral. Las ondas y las flechas del mundo de los negocios lo obligarán inevitablemente a despedir empleados. Los jefes a menudo mencionan el proceso de despido como la parte más estresante del trabajo, pero es una eventualidad que pocas veces se puede evitar. Sin embargo, si bien cada comandante sabe que no se puede asegurar la victoria de cada miembro del equipo, aún puede comprometerse a hacer todo lo posible para llegar a la cima de la montaña con tantos camaradas como sea posible.

Cap. 8: Los grandes líderes saben cómo manejar un equipo efectivo

Aunque algunos empresarios insisten en ser una banda de un solo hombre, los esfuerzos complejos casi siempre requieren más de un par de manos. Si bien es cierto que la mano humana es la máquina más asombrosa jamás inventada, también es cierto que está unida al dispositivo más complejo del cosmos, es decir, la mente humana. Si se le asigna un rol de liderazgo, entonces la mayor parte de su jornada laboral generalmente se dedicará a administrar, motivar y comunicarse con una variedad de mentes humanas caprichosas, complejas y extravagantes.

Todos sabemos lo difícil que puede ser lograr que un grupo de personas coopere. Todos hemos asistido a reuniones, discusiones, negociaciones y debates, y hemos sido testigos de los desafíos familiares que surgen tan rápido cuando un equipo de personas intenta dirigir sus esfuerzos hacia un solo objetivo. Conseguir que un equipo humano trabaje cordialmente en conjunto no es tarea fácil. Cada mañana, todos llegan a la oficina con un conjunto único de deseos, opiniones, perspectivas y metas. Cada uno marcha al compás de un tamborilero diferente. Cada uno tararea una melodía diferente. Y, sin embargo, es el trabajo del líder armonizar estas frecuencias disidentes: ser el maestro con las habilidades necesarias para dirigir la orquesta durante cada crescendo brillante, así como durante cada momento de discordia.

Así como un buen director debe ser capaz de anticipar el tono de cada compás en una partitura musical, un buen líder también debe estar preparado para los desafíos que pueden surgir en cada etapa del ciclo de vida de un proyecto. Al mantenerse a la vanguardia y prepararse para lo desconocido, un buen líder puede asegurarse de que el equipo esté bien preparado para manejar todos los obstáculos posibles y mantener el proyecto en marcha, incluso cuando las fuerzas de la entropía parecen estar conspirando para descarrilarlo.

Alcanzar este nivel de previsión requiere una comprensión más profunda de los contornos psicológicos que dan forma a la evolución de los equipos en el lugar de trabajo. En este capítulo discutiremos una mejor manera de dirigir estas fuerzas al presentar una herramienta útil llamada la "Escalera de Tuckman".

Introducción a la Escalera de Tuckman

Bruce Tuckman (1938-2016) fue un psicólogo estadounidense ampliamente conocido por su investigación sobre la dinámica de grupos. Después de completar su doctorado en Princeton en 1964, Tuckman realizó una investigación sobre el comportamiento organizacional en el Instituto de Investigación Médica Naval en Maryland. Fue allí donde observó por primera vez que los grupos pequeños probablemente pasaban por cinco etapas distintas de interacción cada vez que se reunían para realizar una tarea.

En su artículo de 1965 "Secuencia de desarrollo en grupos pequeños", Tuckman presentó su modelo de comportamiento de equipo, actualmente conocido coloquialmente como la *Escalera de Tuckman*. Desde su concepción, el modelo ha sido ampliamente utilizado como marco para comprender y gestionar la dinámica de grupos en aplicaciones educativas y comerciales.

El modelo intenta proporcionarnos una taxonomía mediante la cual podamos dividir los esfuerzos del equipo en cinco etapas. Enumeraremos cada etapa brevemente aquí.

1. **Formación**: Los miembros del equipo se reúnen por primera vez para establecer los objetivos y roles del proyecto. Sus interacciones son tentativas, ya que se aclimatan a los caprichos y personalidades de cada miembro del grupo.

2. **Turbulencia**: Las discusiones sobre la mejor manera de hacer las cosas se convierten naturalmente en desacuerdos. Inevitablemente surgen divisiones dentro del grupo, a medida que se expresan los egos y personalidades de cada miembro del equipo.

3. **Normalización**: A medida que concluye la riña inicial de confusión, cada miembro del equipo comienza a adaptarse a su nuevo rol. Los participantes aprenden cuáles son sus tareas asignadas y desarrollan una conciencia de su propio estado en la jerarquía de competencias.

4. **Desempeño**: El proyecto ya está en marcha. El equipo ha logrado generar suficiente impulso para avanzar hacia la finalización del proyecto. Ahora, deben seguir desempeñando sus funciones hasta que el mismo esté terminado.

5. **Disolución**: El proyecto se ha completado con éxito. Por lo general, se produce una reunión de felicitación y el equipo tiene la oportunidad de saborear la emoción fugaz de la victoria. También pueden tomarse un momento para evaluar los errores del pasado y discutir sus planes de mejora cuando comience el próximo proyecto.

Al perfeccionar nuestra capacidad para reconocer estas cinco etapas diferentes del desarrollo del equipo (así como los desafíos únicos que surgen en cada etapa), podemos tomar medidas proactivas para guiar a nuestro equipo a través de cada obstáculo del proyecto, facilitando la comunicación, manejando el conflicto y engendrando el espíritu de colaboración siempre que sea posible.

Ahora, exploremos cada etapa de la Escalera de Tuckman con más detalle. Y ofreceremos algunos consejos prácticos sobre cómo un líder empresarial puede gestionar eficazmente el equipo en cada fase del ciclo de vida del proyecto.

Etapa 1 de la escalera de Tuckman: "Formación"

Esta primera etapa de la Escalera de Tuckman marca el comienzo crítico del viaje del equipo. Es durante la *etapa de formación* que cada empleado individual debe unirse para formar una unidad cohesiva. Como una pareja recién establecida, un equipo recién formado pasa por un "período de luna de miel". Durante este tiempo, los miembros del equipo son educados y cautelosos entre sí, ya que todavía están conociendo las predilecciones, personalidades y estilos de conversación de los demás. Además, la etapa de formación se caracteriza por la incertidumbre, ya que los miembros del equipo aún no tienen claro qué implicará su asignación, ni qué nivel de rendimiento se espera de ellos.

Desafíos de la etapa de formación

Para los líderes de equipo, el desafío más importante radica en generar confianza entre cada miembro del equipo. Puede ser difícil confiar en alguien que no conoces. Se necesita tiempo para desarrollar la relación y cada empleado viene empaquetado con sus peculiaridades, características y factores desencadenantes únicos. Además, debido a que ninguno de los miembros del equipo está completamente seguro de la posición del otro en el grupo, su acción predeterminada puede ser simplemente buscar consuelo en su propio conjunto de habilidades y "hacer lo suyo", es decir, cada miembro puede simplemente elegir trabajar. en la parte del proyecto con la que está más familiarizado. Esto puede resultar en un fenómeno de silo indeseable, en el que cada empleado ejecuta de manera ciega su propia regla, sin tener en cuenta el curso de acción actual de cada uno de sus compañeros de equipo.

Consejos para atravesar la etapa de formación

Consejo 1: Fomente la comunicación abierta entre los miembros del equipo

Cuando su personal se reúne por primera vez, es importante proporcionar una vía en la que pueda comenzar un diálogo abierto. Esto se puede lograr creando un ambiente de trabajo seguro y sin prejuicios donde los miembros del equipo se sientan lo suficientemente cómodos para compartir sus pensamientos y opiniones. Las empresas a menudo utilizan ejercicios de desarrollo de equipos para facilitar el proceso de creación de relaciones. Cuanto más interactúen los miembros del equipo entre sí, más rápido establecerán confianza y construirán una sólida dinámica de equipo.

Consejo 2: Establezca objetivos e hitos del proyecto

En última instancia, todos los equipos se unen por una razón: hacer algo.

- Entonces, ¿por qué se ha reunido su equipo exactamente?
- ¿Qué proyecto deben realizar?

- ¿Cómo sería alcanzar el éxito?

Es fundamental tener una idea clara tanto del objetivo principal del proyecto como de todos los hitos que se deben alcanzar para lograrlo. Idealmente, usted, el líder del equipo, tendrá una visión clara del camino a seguir antes de que los miembros del equipo se reúnan por primera vez. Esto facilitará la tarea de comunicar los objetivos.

Consejo 3: Asigne funciones y responsabilidades bien definidas a cada miembro del equipo

Todos hemos tenido la experiencia de hacer una pregunta a un grupo de oficinistas apáticos, solo para que cada uno se encoja de hombros y pase la tarea al siguiente empleado. Desafortunadamente, la dinámica del equipo es tal que, si nadie sabe quién es responsable de manejar una consulta entrante, todos asumirán que alguien más manejándolo hará. Es exactamente este tipo de juego de culpa el que deseamos evitar. Por lo tanto, al configurar su equipo, asegúrese de asignar un conjunto claro de roles y responsabilidades a cada miembro. Cuanto más esfuerzo ponga en enumerar los deberes de cada empleado, menos confusión tendrán sobre sus responsabilidades y objetivos individuales.

Consejo 4: El desarrollo de un gran equipo comienza durante el proceso de selección

¿Alguna vez se ha preguntado por qué no puede convertirse en un jugador profesional de baloncesto de la NBA? Bueno, una de las razones es que millones de personas también quieren convertirse en jugadores de baloncesto de la NBA. Pero cada equipo solo puede aceptar 15 miembros. Cada año, los equipos se forman durante un agotador proceso de reclutamiento en el que los jugadores se eligen a través de un complejo conjunto de criterios de selección. Por supuesto, si es un jefe o un líder de proyecto, también es su trabajo formular un conjunto de criterios de selección estrictos. Estos criterios variarán según las necesidades del proyecto y el temperamento del personal. Es por eso que debe tomarse el tiempo para familiarizarse con el nivel de habilidad actual y la disposición de cada miembro potencial del equipo antes de armarlo.

Etapa 2 de la escalera de Tuckman: "Turbulencia"

La luna de miel ha terminado. En la *etapa de turbulencia* de la escalera de Tuckman, los miembros del equipo se sienten lo suficientemente cómodos para expresar sus opiniones con mayor asertividad y convicción. Si bien este mayor nivel de comunicación puede ser positivo, también puede generar conflicto y tensión grupal, ya que cada miembro del equipo trabaja para medir la posición de los demás en la jerarquía organizacional y hacer campaña para la promulgación de su propia solución a cada problema. Esta etapa se caracteriza por una *dinámica de tira y afloja*, en la que los miembros del equipo se desafían y debaten sobre la mejor manera de completar los objetivos de su proyecto.

Desafíos de la etapa de turbulencia

El mayor desafío de la etapa de turbulencia radica en manejar los conflictos que inevitablemente surgen cada vez que dos partes tienen un desacuerdo sobre en qué dirección debe moverse el grupo. A menudo, ambas partes tienen razones legítimas para creer que su solución es la mejor. Y puede que no haya una manera fácil de determinar qué parte es la correcta. En consecuencia, se produce un atasco.

Es durante estos momentos cuando el líder del equipo puede tener que intervenir y tomar una decisión ejecutiva. Es decir, a pesar de tener una hoja de ruta incompleta, debe seleccionar un único destino e instar al equipo a seguir avanzando. Muy a menudo, la elección que haga será incorrecta. Su error de cálculo será recordado por cada empleado y usted soportará la carga de sus deficiencias acumuladas. Aceptar esta responsabilidad es uno de los mayores desafíos del liderazgo.

- *Usted es* responsable de las victorias de su equipo, así como de sus errores.
- *Debe* tomar cada decisión difícil con confianza, aun cuando haya pocas razones para confiar en cualquiera de sus opciones.

Si bien este proceso es propenso a errores, tiene su utilidad. Al cargar con el peso de la decisión, se convierte en el chivo expiatorio del equipo. Y, al asumir este rol, proporciona al equipo una válvula de escape para su presión acumulada. Cada vez que ocurre una pelea, no es necesario que sigan discutiendo entre ellos. En cambio, pueden simplemente culpar al jefe y luego volver al trabajo. Y eso está bien. Lograr que regresen al trabajo es nuestro objetivo principal. Queremos que el equipo empiece a *trabajar* y deje de *discutir*.

Recuerde, como líder del equipo, es su trabajo evitar atascos y mantener el impulso en cada bifurcación del camino. Sus decisiones no tienen que ser perfectas. Por el contrario, por lo general, solo necesitan ser *aproximadamente correctas* para que sean efectivas a la hora de incitar a su equipo a avanzar. Incluso con una brújula imperfecta, aún puede atravesar con éxito la extensión que se encuentra ante usted, siempre que *siga avanzando*.

Consejos para atravesar la etapa de turbulencia

Consejo 1: Recapitule las reglas de comunicación

En la etapa anterior de la escalera de Tuckman discutimos la importancia de mantener abiertas las líneas de comunicación durante las conversaciones. Por supuesto, estas líneas deben permanecer accesibles durante la reunión inicial del equipo, así como durante la discusión inicial. Durante tales episodios, cuando los ánimos se encienden y los discursos se vuelven apasionados, tómese un momento para asegurarse de que cada miembro del equipo tenga voz.

Consejo 2: Recuerde al equipo cuál es el objetivo final

La mayoría de los debates entre los miembros del equipo no son sobre factores de misión crítica. Es decir, el resultado de la mayoría de los debates en equipo no pondrá en peligro el proyecto por completo. Por lo tanto, a pesar de las diferentes opiniones sobre la mejor manera de proceder, es tarea del líder volver a centrar continuamente la atención en los objetivos principales. Al hacerlo, evita que los miembros del equipo se vean envueltos en peleas intrascendentes que los distraen de avanzar hacia la meta.

Consejo 3: Aborde los conflictos rápidamente

En 1955, el historiador naval británico Cyril Northcote Parkinson escribió un influyente ensayo para *El economista* en el que describía un principio de gestión del tiempo que más tarde se conoció como la Ley de Parkinson. Afirma:

El trabajo se expande hasta llenar el tiempo disponible para completarlo.

Lo que significa que, si les da a sus empleados tres días para hacer una tarea, la harán en tres días. Pero si les da tres semanas, lo harán en tres semanas. Esta es una peculiaridad bien conocida del comportamiento humano de la que siempre debemos tener cuidado.

Por supuesto, la frase también es aplicable al proceso de toma de decisiones. Si le da a su equipo diez horas para llegar a una decisión sobre un desacuerdo, entonces llegarán a una decisión en diez horas. Si les da diez semanas para tomar una decisión, discutirán durante diez semanas y tomarán una decisión el último día. Esta es la razón por la que debe ser rápido para abordar tales conflictos antes de que se conviertan en problemas más significativos, los cuales consumen recursos. Los gerentes pueden aliviar la tensión en la sala abordando los problemas directamente, escuchando a todas las partes y trabajando para encontrar una solución que satisfaga a todos. Sin embargo, durante esos momentos en los que no es posible hacer concesiones, solo recuerde que "usted es el jefe". Es su trabajo hacer que el tren vuelva a las vías, incluso si no está completamente seguro de cuál vía es la más eficiente.

Etapa 3 de la escalera de Tuckman: "Normalización"

La *etapa de normalización* de la escalera de Tuckman marca el primer punto en el que los empleados individuales comienzan a funcionar como un verdadero equipo. Durante este tiempo, cada miembro comienza a aclimatarse al ritmo de trabajo colectivo y se forja un sentido de unidad y cohesión. Los empleados comienzan a confiar más entre sí y comienzan a colaborar en los detalles del proyecto y los horarios de trabajo. Además, es durante este tiempo cuando cada empleado comienza a sentirse parte de un equipo y se vuelve más tolerante a realizar tareas para el bien colectivo, es decir, tareas que están fuera de su rol específico.

Desafíos de la etapa de normalización

A medida que los miembros del equipo se familiarizan entre sí, es posible que algunos se apresuren a formar grupos. Esto no siempre es algo malo, ya que las tareas complejas a menudo requieren habilidades, herramientas o recursos especializados que pueden no ser accesibles para todos los miembros. Por lo tanto, puede ser beneficioso permitir que se formen subequipos para abordar algunas tareas. Sin embargo, si se diera la formación de demasiados grupos poco comunicativos, la dinámica del equipo se vería afectada negativamente. Es el trabajo del líder del equipo asegurarse de que todos los miembros se sientan incluidos y valorados. Cada subequipo debe comprender que sus objetivos aún deben perseguirse junto con los esfuerzos del equipo en su conjunto.

Consejos para atravesar la etapa de normalización

Consejo 1: Celebre la finalización exitosa de cada hito

Cualquier viaje largo estará cargado de hitos que indican el progreso del viajero. Si bien es costumbre celebrar al final de un viaje, también debemos asegurarnos de ofrecer felicitaciones en cada hito. Al tomarnos un momento para reconocer las pequeñas victorias, nuestro objetivo es aumentar la moral de los empleados y ofrecer al equipo cierta seguridad de su eventual victoria.

Consejo 2: Fomente la colaboración entre los subequipos

Está bien si a algunos miembros del equipo les gusta ser amigos. Pero esto no significa que no puedan comunicarse e integrar sus esfuerzos con el resto del equipo. Esfuércese por asegurarse de que cada miembro del equipo trabaje en armonía hacia un objetivo compartido. Cree oportunidades para el desarrollo del equipo y fomente un entorno de comunicación abierta siempre que sea posible.

Consejo 3: Fomente la diversidad de perspectivas y soluciones alternativas

Algunos equipos son demasiado apresurados para ajustarse a un conjunto de principios operativos y pueden ser víctimas del pensamiento grupal, un fenómeno en el que las decisiones se toman de una manera que desalienta la creatividad. Para evitar tales rutinas, es importante que el líder del equipo fomente diversas soluciones cuando sea posible. Si bien la mayoría de las soluciones alternativas generalmente no dan como resultado un curso de acción superior, los miembros del equipo deben al menos saber que existe un lugar para presentar un enfoque diferente.

Etapa 4 de la escalera de Tuckman:
"Desempeño"

En la *etapa de desempeño* se ponen en marcha todos los engranajes necesarios para hacer girar el mecanismo de relojería del equipo. En este momento, el equipo finalmente tiene la oportunidad de *actuar*, es decir, hacer girar las ruedas del progreso a toda marcha. Los roles de cada miembro del equipo y las normas del equipo se han establecido firmemente. Todos entienden el trabajo que deben hacer y están enfocados en avanzar hacia la meta común. Idealmente, cada subequipo ya tiene la capacidad de trabajar de forma autónoma, pero no aislado de los demás miembros del equipo. Cada grupo sabe cómo y cuándo comunicarse con los demás grupos y entienden cómo caminar por el camino del éxito, sin pisarse los dedos de los pies.

Desafíos de la etapa de desempeño

Durante la etapa de desempeño, el principal desafío del líder radica en eliminar la complacencia. Si cada miembro del equipo se siente demasiado cómodo con cada compañero y tarea, entonces se puede perder el sentido de urgencia y se disipará el espíritu de competencia. Es el trabajo del líder asegurarse de que el equipo "termine con fuerza".

A los corredores les gusta usar el término "terminar con fuerza" para describir su deseo de mantener un ritmo rápido durante la duración final de un maratón, incluso cuando todos los músculos de las piernas piden un descanso y todos los demás corredores reducen la velocidad. Del mismo modo, como líder de equipo, es su trabajo alentar a cada miembro a luchar por la excelencia en cada paso del trayecto. Su entusiasmo debe ser tan vivo en la línea de meta como lo fue en la línea de salida.

Consejos para atravesar la etapa de desempeño

Consejo 1: Fomente una cultura de mejora continua

Cuando se trata de innovación empresarial, nunca debemos decir "eso es lo suficientemente bueno". En su lugar, debemos decir: "eso es lo suficientemente bueno por ahora". La tecnología que nos impulsó al siglo XXI se derivó de una cadena interminable de hombres y mujeres que simplemente querían ver si podían hacer que su máquina se moviera un poco más rápido, produjera un poco más o costara un poco menos. Lo más probable es que la única razón por la que estemos vivos hoy sea gracias a la curiosa búsqueda de la humanidad por la mejora continua. Por lo tanto, incluso cuando su tripulación avanza a la perfección, un buen capitán debe estar atento a las innovaciones o ideas que permitirán que el barco vaya un poco más rápido.

Consejo 2: Refuerce continuamente los valores del equipo

Obtener una dinámica de equipo positiva no es el tipo de activo que solo tiene que comprar una vez. Por el contrario, las relaciones entre empleados no son diferentes a cualquier otra relación; si la conexión no se afirma repetidamente, entonces se deshilacha y se marchita. Por lo tanto, es trabajo del líder asegurarse de que los vínculos y compromisos que se establecieron cuando se formó inicialmente el equipo se mantengan a lo largo de la duración del proyecto.

Consejo 3: Recuérdele al equipo que la victoria es inminente

Ya hemos discutido la utilidad de celebrar pequeñas victorias en cada etapa del viaje de su equipo. Sin embargo, cuando su viaje está llegando a su fin, unas pocas palabras de aliento aún pueden ayudarlos a superar la recta final. Por lo tanto, en las últimas etapas de su proyecto, asegúrese de recordarle a su equipo que la victoria está a su alcance y que todo su arduo trabajo está a punto de finalmente dar sus frutos.

Subiendo y bajando la escalera de Tuckman

La escalera de Bruce Tuckman inicialmente pretendía describir un modelo lineal. Los equipos comienzan en la *etapa de Formación* y luego progresan secuencialmente a través de cada etapa adicional, como se muestra en la siguiente imagen.

Arriba y abajo de la escalera de Tuckman

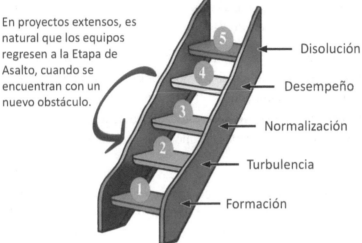

En proyectos extensos, es natural que los equipos regresen a la Etapa de Asalto, cuando se encuentran con un nuevo obstáculo.

5 ← Disolución

4 ← Desempeño

3 ← Normalización

2 ← Turbulencia

1 ← Formación

Figura 5: Cuando los equipos encuentran obstáculos en el proyecto, es posible que deban detenerse para discutir una corrección de rumbo. Esto puede requerir aventurarse de nuevo a la etapa de turbulencia de la escalera de Tuckman, un contratiempo que podría ocurrir varias veces durante el transcurso de un proyecto.

Sin embargo, en proyectos más largos, es bastante común que un grupo de trabajadores encuentre un obstáculo y luego se deslice hacia abajo por la escalera hasta un peldaño inferior. Por ejemplo, supongamos que estamos liderando una empresa de construcción y nuestro equipo ha determinado que la casa en reparación tiene una losa agrietada.

- Cuando se encontró este obstáculo, es posible que el equipo se haya estado moviendo bien en la **Etapa 4** (la etapa de *desempeño*).
- Pero ahora tendrán que detener su avance y descender a la **Etapa 2** (la etapa de *turbulencia*), donde pueden debatir sobre la mejor manera de proceder. Es posible que deban cambiar los roles y que algunos empleados deban abandonar un subequipo para unirse a otro.
- Solo una vez que se ha elaborado un nuevo plan, los trabajadores pueden avanzar a la **Etapa 3** (la etapa de *normalización*), donde pueden comenzar a aclimatarse a sus nuevos roles.

- Finalmente, después de pasar un tiempo volviendo a normalizar, pueden recuperar el impulso que perdieron y volver a la **Etapa 4** nuevamente (la etapa de *desempeño*).

Al considerar el descenso de nuestro equipo por la escalera de Tuckman, es fácil entender por qué tan a menudo nos referimos a los obstáculos del proyecto como un "contratiempo". Porque tales desafíos "nos hacen retroceder", deteniendo nuestro progreso hacia adelante y empujándonos de regreso a una posición que pensábamos que ya habíamos completado con éxito.

Por supuesto, los líderes de equipo nunca deben permitir que tales frustraciones detengan un proyecto. En cambio, debemos aceptar que tales obstáculos son parte integral de participar en un complejo esfuerzo humano. Contingencias imprevistas surgirán inevitablemente durante el curso de cualquier proyecto extenso. Como gerentes de proyecto, lo mejor que podemos hacer es tratar de prepararnos a nosotros mismos y a nuestro equipo para cualquier posible tropiezo en la escalera de Tuckman. Y, luego, instar a nuestro equipo a retomar su ascenso lo antes posible.

Etapa 5 de la Escalera de Tuckman: "Disolución"

La *etapa de disolución* de la escalera de Tuckman marca el final del proyecto. Por lo general, se producen celebraciones y, para esfuerzos más grandes, se pueden repartir algunos premios de felicitación. En las empresas más pequeñas, la fiesta de despedida no significa el final de la relación laboral de cada empleado. Por el contrario, los empleados que trabajan juntos en un proyecto normalmente lo harán en otro. Pero este no es siempre el caso. Los éxitos que las personas alcanzan durante sus carreras a menudo coinciden con la finalización de otras metas de vida. Cuando concluye un gran proyecto, algunos empleados vuelven a los estudios, algunos son transferidos a otros departamentos, algunos son ascendidos, algunos se jubilan, algunos se casan y algunos renuncian. Para muchos miembros del equipo, la fiesta de celebración final de la oficina puede ser la última vez que vuelvan a ver a sus compañeros de trabajo.

Este proceso de unir y disolver es, por supuesto, una parte natural de la vida. Desde el día en que nacemos hasta el día en que morimos nos unimos a grupos, dejamos grupos y nos unimos a grupos nuevamente. Saltamos de tarea en tarea y de proyecto en proyecto. Los empleados entran y salen de nuestras vidas como aviones en un aeropuerto. Sin embargo, el hecho de que la experiencia haya concluido no significa que se haya perdido el conocimiento del evento, pero lo hará si no hace un esfuerzo por conservar cada lección aprendida.

Cómo registrar sus lecciones aprendidas

Así como cada acción militar concluye con un *resumen de la misión*, cada proyecto que dirija debe concluir con una evaluación de la eficiencia con la que su equipo completó el proyecto. Esta evaluación a menudo se denomina "revisión de las lecciones aprendidas". Este es un paso esencial en el proceso de gestión de proyectos, aunque a menudo se pasa por alto. Nuestro objetivo principal al realizar esta revisión es responder tres preguntas básicas:

- ¿Qué salió bien?
- ¿Qué salió mal?
- ¿Qué se podría mejorar en el futuro?

Al pedirle a nuestro equipo que reflexione sobre sus éxitos y desafíos, esperamos identificar posibles oportunidades de crecimiento y áreas en las que la dinámica del equipo podría mejorar en la próxima empresa. Por supuesto, el proceso exacto para llevar a cabo una *revisión de las lecciones aprendidas* varía de una empresa a otra. Pero los gerentes de proyecto generalmente compilan y revisan los datos a través de un proceso de cinco pasos:

1. Identificar
2. Documentar
3. Analizar
4. Almacenar
5. Revisar

Analicemos cada paso.

Paso 1: Identifique sus lecciones aprendidas

El primer paso en este modelo es identificar las muchas lecciones aprendidas del proyecto. Esto implica reflexionar sobre el desempeño del proyecto, destacando los éxitos clave, citando obstáculos desafiantes e identificando oportunidades de mejora. La parte más difícil del proceso radica en determinar qué incidentes incluir en su informe y qué incidentes ignorar.

Obviamente, nuestra intención no es escribir cada cosa que sucedió durante el proyecto. Por el contrario, queremos seleccionar los incidentes más importantes que probablemente nos proporcionen valiosas experiencias de referencia para nuestras futuras empresas.

Entonces, ¿cómo identificar qué incidentes del proyecto deben ingresarse en su registro de lecciones aprendidas?

Cada empresa diseña su propio conjunto de criterios de selección que mejor se adapte a su industria. Pero, para inspirarse, considere los siguientes criterios derivados de las pautas de gestión de proyectos de la NASA:

Una "lección aprendida" es el conocimiento adquirido por la experiencia. Esta puede ser positiva o negativa. Pero deberíamos dedicar tiempo a registrar y analizar si la experiencia fue:

• *Significativa* - en el sentido de que tiene un impacto real en las operaciones.

• *Válida* - en que nuestra comprensión del evento es factualmente correcta.

• *Aplicable* - en que la lección identifica un proceso específico que reduce el potencial de fallas y percances en el futuro.

La cantidad de lecciones que obtenga de cada proyecto dependerá en gran medida del tamaño del mismo. Un equipo encargado de construir un rascacielos probablemente encontrará más eventos de aprendizaje que un equipo encargado de construir un parque para perros. Aun así, esto no debe citarse como una excusa para la autocomplacencia. A pesar del tamaño del proyecto, un buen gerente de proyecto debería poder identificar numerosos puntos de fricción que podrían aliviarse en un esfuerzo futuro.

Paso 2: Documente sus lecciones aprendidas

Una vez que se han identificado las lecciones aprendidas, es importante documentarlas en un formato estructurado y organizado. Por lo general, esto implica escribir un informe que resuma cada obstáculo del proyecto. La siguiente lista contiene algunos desafíos comúnmente citados.

- Problemas de comunicación entre los miembros y los líderes del equipo, lo que resultó en malentendidos, demoras o contratiempos.
- Condiciones imprevistas en el lugar de trabajo, como suelo inestable, obstrucciones ocultas o inclemencias del tiempo, que requirieron cambios en el diseño o el proceso de fabricación.
- Desafíos para obtener los permisos necesarios de las agencias reguladoras regionales.
- Escasez imprevista de materiales o equipos, obstáculos en la cadena de suministro u otros problemas de calidad de los materiales que provocaron demoras y sobrecostos.
- Problemas con la dinámica del equipo, como choques de personalidad, confusión sobre roles y responsabilidades o capacitación inadecuada.
- Problemas de programación o administración del tiempo, que causaron retrasos que afectaron la línea de tiempo del proyecto.
- Control de calidad o procedimientos de inspección inadecuados, lo que llevó a un trabajo deficiente o riesgos de seguridad.

- Presupuesto inadecuado, lo que resultó en fondos insuficientes para los materiales necesarios, mano de obra u otros costos imprevistos.

- Cambios imprevistos en las reglamentaciones, códigos o estándares de la industria que requirieron modificaciones de última hora en el diseño o el alcance del proyecto.

- Problemas tecnológicos, como mal funcionamiento del equipo, problemas de compatibilidad o capacitación inadecuada.

- Problemas de gestión, como un plan de contingencia insuficiente o falta de preparación para eventos inesperados o emergencias.

Si ha estado en el negocio durante algún tiempo, entonces ya estará bastante familiarizado con muchos de los elementos de esta lista. Estos comprenden las problemáticas típicas que aquejan a la mayoría de los emprendimientos comerciales. Y aunque es cierto que esos contratiempos nunca se pueden eliminar, es el trabajo del líder del equipo aprender de las debilidades del pasado y estar preparado para mitigarlas en el futuro.

Paso 3: Analice sus lecciones aprendidas

Una vez que haya entrevistado a cada miembro del equipo y compilado una larga lista de desafíos del proyecto, el siguiente paso es analizar cada obstáculo. Tenga en cuenta que nuestro objetivo no es asignar la culpa de todos los fracasos del proyecto a un empleado individual. Por el contrario, buscamos identificar la causa raíz de cada error y determinar cómo podemos empoderar a cada empleado para que lo haga mejor en el futuro.

Nuestro análisis podría implicar realizar una revisión exhaustiva del presupuesto inicial del proyecto, el alcance, el cronograma, los recursos y cualquier documentación relevante que pueda ayudarnos a lograr una comprensión integral de qué obstáculos causaron los retrasos más costosos y qué triunfos contribuyeron al éxito del proyecto. El análisis también debe intentar identificar patrones de falla, es decir, desafíos que hayan ocurrido en proyectos anteriores y que ahora están resurgiendo en este.

Como las malas hierbas que brotan en un jardín, los impedimentos para la construcción de su proyecto siempre estarán dispuestos a brotar de cada fisura de sus cimientos. Por eso es tan importante registrar las muchas fuerzas de la entropía que pretenden destrozar su proyecto. Los gerentes deben tener cuidado de completar esta fase de análisis con paciencia y diligencia. Porque es solo a través de esta fase de análisis que una "lección" se convierte en una "lección aprendida".

Paso 4: Almacene sus lecciones aprendidas

Una vez que se han identificado y analizado las lecciones aprendidas, es importante almacenarlas en un lugar que sea seguro y accesible para cada empleado que podría beneficiarse de ellas, como los futuros líderes de equipo o gerentes de proyecto. Las corporaciones más grandes a veces confían en software personalizado o sistemas de gestión del conocimiento que están diseñados específicamente para capturar y catalogar dichos documentos de revisión de proyectos para uso futuro. Pero los jefes que administran empresas más pequeñas no deben sentirse intimidados por la tarea de almacenar. Simplemente almacene los informes de su proyecto en un archivador de oficina o en un Google Drive compartido. Este método debería ser suficiente para poner en marcha su sistema de gestión del conocimiento. Siempre puede actualizar el proceso más adelante a medida que su empresa evolucione.

Paso 5: Revise sus lecciones aprendidas

Desafortunadamente, el proceso de *revisión* es el paso que más se pasa por alto en el marco de las lecciones aprendidas. Una vez que el proyecto ha concluido y cada lección se ha guardado cuidadosamente en el archivador de la empresa, los gerentes de proyecto pueden ser propensos a asumir que cada epifanía también ha sido guardada en sus mentes. Sin embargo, así como los músicos profesionales deben practicar todos los días para rendir al máximo, los gerentes de proyecto también deben recordarse continuamente las muchas lecciones de su oficio que tanto les costó ganar. Esto implica tomarse el tiempo para revisar su archivo de lecciones aprendidas, particularmente en los días previos al inicio de un *nuevo* proyecto. Durante esta sesión de revisión, el director del proyecto podría:

- Revisar los obstáculos que se encontraron en proyectos anteriores y cualquier recomendación sobre cómo sortear obstáculos similares en el futuro.
- Revisar las conclusiones anteriores sobre las formas en que se podría haber mejorado el proyecto.
- Identificar las metodologías en que los procesos utilizados para completar los proyectos anteriores no son aplicables al nuevo proyecto.
- Tener en cuenta los problemas recurrentes que parecían afectar a cada uno de los proyectos anteriores.

Nuestro objetivo al realizar esta revisión es permitir que nuestras decisiones futuras se basen en nuestros errores pasados. Al identificar, documentar, analizar, almacenar y revisar de manera sistemática las lecciones aprendidas, los gerentes de proyectos pueden asegurarse de que están aprovechando al máximo sus experiencias pasadas y están bien posicionados para tener éxito en proyectos futuros.

Ya sea que su esfuerzo sea un éxito rotundo, un fracaso desafortunado o algo intermedio, siempre hay una lección valiosa que aprender. No todos sus proyectos resultarán en victoria. Independientemente, debemos enmarcar cada resultado del proyecto de manera adecuada.

- Nuestras fallas simplemente nos alertan sobre las áreas de nuestras habilidades que necesitamos mejorar.
- Nuestros éxitos nos atraen, indicándonos que estamos en el camino correcto.

Es necesario contar con un proceso adecuado para archivar nuestros momentos de éxito y fracaso si queremos convertirnos en buenos gerentes de proyecto o líderes de equipo. Todo el mundo falla, pero no todos pueden aprender de sus fallas y diseñar un plan de acción alternativo para evitar cometer el mismo error dos veces. Como dice el proverbio:

Si me engañas una vez, la culpa es tuya; si me engañas dos veces, la culpa es mía.

Cap. 9: Los grandes líderes saben cuándo delegar

En la comedia de ciencia ficción de 1996 "Multiplicidad", Michael Keaton interpreta el papel del trabajador de la construcción Doug Kinney. Mientras está agobiado por los rigores de administrar su empresa, administrar su matrimonio y ser un buen padre para sus hijos, Kinney se encuentra con un científico local que se ofrece a clonar su cuerpo, postulando que Kinney podría descargar su carga de trabajo en las versiones clonadas de sí mismo. Por pura desesperación, Kinney acepta la oferta del científico y crea tres clones para ayudarlo con sus responsabilidades familiares. Como era de esperar, el resultado conduce a consecuencias no ideales (pero cómicas), lo que genera 117 minutos de cine entretenidos.

Como jefe, líder de equipo o dueño de un negocio, su atención siempre se verá atraída en mil direcciones diferentes. Inevitablemente, usted también deseará tener tres versiones de sí mismo para que lo ayuden con sus tareas diarias. Y, como el personaje de Doug Kinney, se verá igualmente tentado a recorrer el planeta en busca de una máquina de clonación. Por supuesto, en el mundo real, no podemos darnos el lujo de utilizar clones para realizar nuestro trabajo. En su lugar, debemos confiar en los empleados.

A medida que su carrera evolucione, llegará repetidamente a un punto en el que se debe tomar una decisión. Tendrá que seguir haciéndose la misma pregunta una y otra vez:

¿Debería delegar esto o hacerlo yo mismo?

Es decir, siempre que tenga dificultades para completar una tarea en la oficina tendrá que discernir si el costo de hacer la tarea usted mismo es mayor que el costo de contratar a un empleado para que lo haga por usted. En términos generales, esta pregunta solo tiene tres posibles soluciones:

- Puede optar por seguir haciendo la tarea usted mismo.
- Puede sistematizar la tarea y enseñar a un empleado existente a hacerlo.
- O bien, puede contratar a un nuevo empleado para que haga la tarea, preferiblemente uno con un historial de experiencia laboral en un campo relacionado.

La elección que haga dependerá de la tasa de crecimiento actual de su empresa, sus objetivos corporativos y su estilo de gestión personal. Sin embargo, a pesar de sus circunstancias únicas, la decisión de delegar siempre está asociada a posibles riesgos y recompensas.

- Si sigue haciendo la tarea por su cuenta, es posible que, sin saberlo, sufra un gran costo de oportunidad. ¿Qué más podría haber logrado si contratara a un empleado que le permitiera liberar cuatro horas de tiempo cada día laboral?
- Por otro lado, optar por delegar la tarea conlleva un riesgo. Puede pasar varios meses intentando formalizar el proceso y enseñárselo a un nuevo empleado, solo para descubrir más tarde que el empleado no pudo o no quiso hacer el trabajo después de todo.

Tales cavilaciones son un coro persistente en la mente de todo emprendedor. Muchos jefes han pasado noches de insomnio analizando la decisión de delegar o expandirse. Tomar la decisión equivocada (por ejemplo, contratar a la persona equivocada) puede ser un error costoso con repercusiones duraderas para la empresa. Pero, si esto es cierto, ¿por qué somos tan propensos a asumir tal gasto?

Porque Roma no se construyó con un par de manos. Si planea hacer crecer su imperio, eventualmente necesitará más trabajadores. El principal beneficio de la delegación de tareas es obvio:

Si alguien más hace la tarea, entonces usted no tendrá que hacerla.

Sistematizar y descargar una parte de su carga de trabajo le permite llenar sus horas recién liberadas con acciones que son más vitales para el crecimiento corporativo. En la siguiente sección discutiremos algunas consideraciones que lo ayudarán a discernir cuándo y cómo realizar el proceso de manera más rigurosa.

Cuatro preguntas a tener en cuenta al decidir delegar

Pregunta 1: ¿Es una tarea algorítmica?

En su día laboral típico es probable que haya varias tareas de naturaleza algorítmica. Es decir, es probable que algunas de las tareas que actualmente realiza usted mismo tengan el potencial de ser formalizadas, sistematizadas y entregadas a un subordinado adecuado.

Antes de la mecanización de las operaciones matemáticas a mediados del siglo XX, el término "computador" se refería a una persona que realizaba cálculos a mano. Algunas "salas de computadores" presentaban filas de mesas y sillas ocupadas por docenas de trabajadores (a menudo mujeres) que se sentaban durante muchas horas ejecutando operaciones matemáticas de acuerdo con un conjunto de reglas especificadas por un científico líder.

Por supuesto, en la oficina moderna no podemos esperar formalizar la posición de cada empleado con este grado de rigor matemático. En su lugar, solo debemos esforzarnos por identificar las tareas que se realizan repetidamente y de manera similar cada vez.

- ¿Hay un conjunto de 10 preguntas que se deben consultar cada vez que se adquiere un nuevo cliente?
- ¿Hay un largo procedimiento de incorporación que se debe seguir cuando se contratan nuevos empleados?
- ¿Hay una lista de clientes que debe consultar cada jueves después de la hora del almuerzo?

A medida que avanza en su jornada laboral, trate de mantenerse al tanto de las rutinas que emplea para realizar cada tarea. Lo más probable es que ya existan miles de tales rutinas en su mente, principalmente a nivel subconsciente. A medida que cambia de una tarea a la siguiente, siga preguntándose si la tarea se podría procesar, dividir en una serie de pasos de acción que podría realizar un nuevo empleado.

Pregunta 2: ¿Puede su empleado hacer la tarea al menos un 70% tan bien como usted?

Una de las primeras heurísticas que podríamos emplear para abordar la *cuestión de la delegación* es la famosa "Regla del 70%":

Si un empleado es capaz de hacer una tarea al menos un 70% de lo mejor que usted puede, entonces debe delegarla.

Como jefe, puede suponer naturalmente que un empleado no podrá realizar una tarea hasta que su nivel actual de competencia refleje con precisión el suyo. Si bien esta posición no es injustificada, hay momentos en que el valor que se obtiene después de delegar la tarea supera cualquier pérdida de valor que se pueda acumular después de la transferencia. Como escribió el autor estadounidense y gurú del liderazgo John C. Maxwell:

No se puede sobreestimar la poca importancia de prácticamente todo.

Esto que significa que, para algunas tareas en su oficina, el 30% final de la mano de obra con la que estaba contribuyendo a la tarea nunca sumó mucho a su resultado final. De hecho, existe una gran posibilidad de que este trabajo adicional solo le cueste dinero porque esas últimas horas podrían haberse dedicado a otros objetivos más rentables. Además, el hecho de que su empleado solo sea capaz de completar la tarea con un 70% de competencia hoy, no significa que tendrá el mismo nivel de rendimiento mañana. Con el tiempo, su empleado debería poder dominar la tarea e (idealmente) superar sus expectativas originales.

Pregunta 3: ¿Es malo en la tarea?

Podría darse el caso de que simplemente no sea tan bueno haciendo la tarea en cuestión. La mayoría de nosotros hemos conocido al menos a un empresario que se negó a contratar a un diseñador gráfico e insistió en dibujar el logotipo de su propia empresa. Con humor, este esfuerzo generalmente resulta en uno de dos resultados:

- Se dará cuenta de que no sabe dibujar.
- O pasará el próximo año insistiendo en que su creación es el mejor logotipo de la industria.

Para un ejemplo cómico de una "falta de delegación", considere el primer logotipo corporativo de Google LLC. La empresa se llamó originalmente BackRub en 1996. Y su primer logotipo (creado por el cofundador Larry Page) era bastante peculiar.

Figura 6: La primera instancia del motor de búsqueda de Google se llamó BackRub. El logo original (lado izquierdo) fue dibujado por el cofundador de Google, Larry Page.

Como propietario de un negocio, su capacidad para criticar objetivamente su propio conjunto de habilidades es tan importante como su capacidad para criticar las habilidades de los demás. Cuando identifique una tarea en la que no es bueno, esta comprensión debería incitarlo a buscar a un empleado más adecuado para el trabajo. No deje que su ego se interponga en el camino. Delegar las funciones en las que no está capacitado le permitirá dedicar más tiempo a las tareas en las que sobresale. Centrarse en la parte del trabajo a la que puede aportar el mayor valor debería inspirarle a dedicar más pasión al proceso, lo que se traduciría en un mejor producto para sus clientes.

Pregunta 4: ¿Odia hacer la tarea?

Otra forma de determinar si es hora de delegar una tarea es si simplemente odia hacerlo. Por supuesto, hay muchas razones por las que a alguien no le gustaría una parte de su trabajo. Y apretar los dientes y superar las emociones es a veces el mejor curso de acción. Sin embargo, si la tarea no es consecuente con el crecimiento del negocio (y si puede permitirse el lujo de contratar a alguien para que lo haga por usted), entonces puede ser el momento de delegarla. El dinero existe para hacernos la vida más fácil. Por lo tanto, pagarle a un nuevo empleado para que haga la tarea que menos desea es una compensación que puede valer la pena hacer.

Sin embargo, tenga cuidado con delegar una tarea indeseable a alguien en la oficina que *también* odia hacerla. No es raro que las oficinas tengan un conjunto de tareas que todos los empleados evitan. Esto puede crear una situación incómoda en la que cada empleado se sienta obligado a pasar la tarea al siguiente empleado, lo que resulta en un juego de *papas calientes* en toda la oficina. Cuando ocurre tal escenario, podría ser el momento de contratar a alguien con una disposición que esté específicamente preparada para manejar la tarea. Tal reestructuración no solo garantizará que se haga el trabajo, sino que también lo liberará a usted y a sus empleados de la distracción causada por la obligación no deseada.

Cómo delegar una tarea

Ahora que hemos discutido algunos consejos que lo ayudarán a determinar "*cuándo*" delegar una tarea, hablemos del "*cómo*". Obviamente, la forma en que los jefes seleccionan a sus empleados y dividen su carga de trabajo es diferente para cada empresa. Sin embargo, en esta sección, hemos enumerado algunos consejos para que pueda comenzar.

Consejo 1: Sistematice el proceso

Una vez que haya decidido que es hora de dejarse llevar y delegar, entonces será el momento de sistematizar el proceso mediante el cual se completa la tarea. Esto implica formalizar todos los pasos que lleva a cabo al realizar la tarea. Como se discutió anteriormente, algunas tareas de oficina son bastante algorítmicas por naturaleza. La tarea puede estar compuesta por pasos fácilmente discernibles, tales como:

- Notificar a los clientes existentes acerca de una nueva característica del producto.
- Llamar a un cliente recién adquirido y determinar qué paquete de producto le interesa.
- Actualizar la base de datos de la empresa para reflejar la nueva línea de productos.
- Completar tal formulario del gobierno.

- Vaciar los botes de basura.

Estos trabajos suelen ser bastante fáciles de delegar. Y si es dueño de un negocio, debería considerar seriamente hacerlo. A menudo se alienta a los empresarios a pensar en su negocio como una "máquina bien engrasada". Esta metáfora ayuda a visualizar el proceso de sistematización de los componentes individuales que hacen funcionar su negocio. Como escribió el autor estadounidense John Warrillow (autor de *Construido para vender*):

Imagine su proceso [como si fuera una] línea de ensamblaje con [varias] máquinas. [Usted] necesita enseñarle a alguien [cómo] operar cada [una]. Comience con cómo encenderlo, cómo hacerlo funcionar y cómo leer todos los botones e indicadores mientras se ejecuta. Realice cada paso del proceso y escriba un manual de instrucciones detallado para completar ese paso. Dé las instrucciones a uno de los miembros de su equipo y vea si pueden seguirlas. [Siga editando el documento hasta que su empleado] pueda seguir las instrucciones sin que usted se desplace sobre ellas.

El párrafo anterior debería ayudar a enfatizar la importancia de desarrollar y mantener su propio conjunto de procedimientos operativos estándar (SOP). Así como cada máquina industrial viene con un manual de operaciones detallado, también debe hacerlo cada puesto delegable en su empresa.

Pero, ¿qué pasa con las posiciones que no son tan fáciles de sistematizar?

El mundo corporativo a menudo pide al jefe que asuma tareas que requieren tacto y astucia. Las habilidades requeridas para cumplir con tales obligaciones no se escriben tan fácilmente en una lista de verificación. Ejemplos de tales tareas podrían incluir:

- Negociación de un nuevo contrato comercial con un proveedor.

- Creación de una nueva campaña de marketing para una línea de productos revolucionaria.
- Incremento de la base de clientes en un 20% en los próximos diez meses.

Objetivos como estos requieren un conjunto de habilidades que se extiende mucho más allá del mero *seguimiento de reglas*. A veces, todo lo que uno puede hacer para delegar tareas tan complejas es esforzarse por contratar a las mejores personas para el trabajo. Aquí es donde entra en juego la parte "humana" del término "Recursos Humanos". Si cada operación en su oficina pudiera convertirse en un proceso algorítmico, entonces no necesitaría contratar a ningún ser humano. Podría dotar de personal a toda tu oficina con robots. Por supuesto, en el mundo real, las complejidades de los negocios requieren que un jefe contrate un equipo de pensadores independientes.

- Personas que piensen con los pies sobre la tierra.
- Personas que sepan improvisar y adaptarse.
- Personas que sepan tocar jazz.

Ubicar a tales empleados implica buscar en la reserva de mano de obra a esa persona especial que tenga "el material adecuado".

- El que ya está familiarizado con su industria.
- El que tiene un CV que refleja una trayectoria de éxitos similares.
- El que encajará sin esfuerzo en la cultura de su empresa y se integrará con su equipo actual.

Al igual que los unicornios, estos empleados mágicos son difíciles de encontrar. Pero si logra atrapar a uno, entonces podrá liberarlo de gran parte de su carga de trabajo. Las personas altamente competentes, concienzudas e inteligentes prosperan en trabajos que requieren un pensamiento y una toma de decisiones independientes. Dichos trabajadores pueden "llenar los vacíos" fácilmente de cualquier manual de operaciones vagamente escrito que les proporcione.

Consejo 2: Establezca una fecha firme de finalización de una tarea

No tenga miedo de asignar un "final brusco" para completar una tarea. Los plazos estrictos tienden a alentar a los empleados a concentrarse. Si está delegando una tarea que le resulta familiar, entonces ya tiene una buena idea de cuánto tiempo debería llevarle (idealmente) completar la tarea. Por supuesto, cuando asigne esta tarea a un nuevo empleado, es probable que necesite más tiempo para familiarizarse con el proceso. No espere que nadie complete la tarea a un ritmo comparable al suyo, al menos no en su primer día. Si el empleado no logra terminar la tarea en la fecha de vencimiento establecida, esto no es necesariamente motivo de alarma. Por el contrario, la duración requerida para completar una tarea delegada recientemente puede ser muy variable, según el nivel de habilidad actual del empleado y la experiencia con la tarea. Trabaje con el empleado para ajustar los parámetros de la tarea y considere modificar su fecha de vencimiento en la siguiente ronda.

Consejo 3: Aprenda a dejar de lado el perfeccionismo

Para algunos tipos de personalidad, la delegación es fácil. En particular, cuando la tarea se encuentra muy lejos de la timonera del jefe. Pero si usted es un operador propietario o si está íntimamente familiarizado con los detalles de la tarea en cuestión, entonces deshacerse de esa tarea puede ser un proceso complicado. Los gerentes pedantes piensan que las tareas deben realizarse de manera precisa y correcta. Y cuando la tarea no se realiza de esta manera, experimentan ansiedad sobre el proceso y pueden intentar microgestionar el trabajo del empleado. Si este escenario le suena familiar, entonces usted (como yo) puede sufrir la maldición del *perfeccionismo*. Los jefes afectados por esta circunstancia tienen problemas con la delegación de tareas, ocurriendo situaciones como los siguientes:

- El jefe podría pensar que el empleado no tiene ojo para los detalles necesarios para completar la tarea con un calibre aceptable de cuidado y entusiasmo.
- El jefe podría pensar que se producirá una calamidad en la oficina si delega la tarea a un subordinado.
- El jefe puede suponer que delegar una tarea es una señal de debilidad personal.
- Y, quizás lo más común, el jefe insistirá en que tiene suficiente tiempo para hacer la tarea por sí mismo.

Cada situación de esta lista no es necesariamente injustificada. Puede darse el caso de que delegar sea el paso equivocado en este momento de su carrera. Pero, en última instancia, si su empresa va a evolucionar, entonces su confianza en la autosuficiencia de sus empleados también deberá evolucionar. La búsqueda del crecimiento corporativo es necesariamente un "esfuerzo de equipo". Por lo tanto, si el crecimiento corporativo es uno de sus objetivos, eventualmente tendrá que confiar en su equipo para empujar la aguja del éxito.

Consejo 4: Fomente la autonomía de los empleados

Dejar de lado el *perfeccionismo personal* implica abrazar la *autonomía del equipo*. Es decir, una vez que se haya convencido de que el *modus operandi* de su equipo no necesariamente tiene que ajustarse a sus especificaciones precisas, su equipo tendrá más libertad para usar sus propias mentes en la búsqueda de soluciones a los problemas.

Y eso es algo bueno.

Como se indicó anteriormente, el objetivo de contratar empleados y delegar tareas es que no tenga que hacer el trabajo usted mismo. Idealmente, nunca más tendrá que volver a pensar en la tarea. Por eso es tan esencial cultivar en el lugar de trabajo una cultura que fomente el pensamiento autónomo. Se puede programar una computadora o un robot para que simplemente realice una tarea sin importarle en absoluto qué tan bien se realiza la tarea, ni cómo la empresa o el cliente se benefician del producto resultante. Pero un buen empleado puede llegar a amar una tarea. De hecho, su vocación elegida puede incluso ser la fuente de su mayor orgullo. Esto es lo que separa al hombre de la máquina.

Los mejores empleados anhelan la autonomía y prosperarán cuando les delegue más responsabilidades. Por otro lado, los empleados están en su peor momento cuando no tienen autonomía en absoluto, es decir, cuando se ven obligados a sentarse en sus escritorios y realizar funciones rudimentarias con solo una vaga concepción de cómo su trabajo beneficia a cualquiera en la línea de suministro. Cuando puede delegar adecuadamente y alentar la toma de decisiones independiente de los empleados, entonces ayuda a fomentar un entorno que está más sincronizado con los objetivos existenciales humanos. Como escribió Mihaly Csikszentmihalyi:

Es cuando actuamos libremente, por el bien de la acción misma (en lugar de motivos ocultos), que aprendemos a ser más de lo que éramos.

Consejo 5: ¿Debería delegar todo?

La frase de un empresario muy reconocido dice:

El objetivo del dueño de un negocio es convertirse en la persona menos valiosa de la empresa.

Esto significa que, al configurar sus procedimientos comerciales, su objetivo principal debe ser abstraerse por completo de las operaciones diarias, sistematizar cada proceso y asignar un empleado para realizar cada tarea. Una por una, sus responsabilidades serán delegadas a sus subordinados. Y este proceso de delegación continuará hasta que, un día, no le quede nada por hacer excepto sentarse y ver girar el reloj. Luego, una vez que su cajero automático escupa riquezas sin esfuerzo, puede vender el negocio por una gran suma de dinero y mudarse a una comunidad de jubilados en Orlando, Florida.

Figura 7: A menudo se dice que el objetivo del dueño de una empresa debe ser delegar cada tarea a un empleado.

Obviamente, la idea anterior no es aplicable a todos. Las razones para iniciar un negocio son diversas. El valor que se obtendrá en cada éxito corporativo es subjetivo. Para muchos directores ejecutivos, llevar a cabo las operaciones diarias de su negocio es lo único que le da sentido a su vida. Elon Musk, Larry Page, Mark Zuckerberg: estos hombres podrían haberse jubilado hace mucho tiempo. Y, sin embargo, todavía eligen presentarse en la oficina todas las mañanas. Para muchos empresarios, liderar a su personal, superar los desafíos profesionales y hacer crecer a su empresa es la mejor manera que han encontrado para subir la escalera de la autorrealización. A menudo, pasan sus mejores horas en la oficina, siempre en busca de la chispa de la creatividad: el momento de euforia cuando se logra un nuevo objetivo o se revela un nuevo descubrimiento. Estos son los ingredientes que componen el cóctel de motivación mental que hace que la búsqueda del dominio sea tan divertida.

Por otro lado, también es común que un emprendedor abandone una empresa en busca de otra. Vender una de sus startups no le impide iniciar una nueva. De hecho, esta estrategia comercial es tan común en Silicon Valley que se acuñó el término "emprendedor en serie" para describir a los hombres y mujeres que saltan de una empresa a otra de esta manera.

Independientemente de los objetivos de su vida personal, siempre es bueno tener la opción de retirar dinero de su empresa si cambia la marea. Aprender a ver a su empresa como una serie de módulos que interactúan entre sí (y desarrollar un conjunto completo de procedimientos operativos para cada componente) será beneficioso desde el punto de vista financiero y facilitará el eventual traspaso de la empresa a un nuevo propietario. En el próximo capítulo discutiremos cómo podría ser este conjunto de procedimientos operativos.

Cap. 10: Los grandes líderes elaboran listas de verificación y SOP

En octubre de 1935, el ejército de los EE. UU. buscaba construir el próximo bombardero de largo alcance de la nación para su uso eventual en misiones sobre la Alemania nazi. El diseño de Boeing, un gran monstruo de aluminio que más tarde ganaría el nombre de "Fortaleza Voladora", fue el favorito para ganar un gran contrato militar luego de una breve demostración en Wilbur Wright Airfield en Ohio. En la mañana del vuelo de prueba, un pequeño grupo de altos mandos militares e ingenieros se reunieron para observar el despegue del nuevo avión. El avión transportaba a cinco miembros de la tripulación y lo pilotaba un experimentado piloto de pruebas llamado Major Ployer Hill. Después de que los motores del avión rugieron, se elevó con gracia y rápidamente alcanzó una altitud de 300 pies. Desafortunadamente, esta sería su última subida. El avión se detuvo poco después del despegue y se estrelló contra el suelo en una explosión mortal que cobró la vida de Major Hill y su copiloto.

Posteriormente, una investigación reveló que el avión se había parado porque un mecanismo de bloqueo de nuevo diseño (un "bloqueo contra ráfagas") se adjuntó al avión e impidió que el elevador y el timón se movieran sobre la pista. Se suponía que Hill debía recordar desconectar la cerradura antes del despegue. Pero había *muchas* cosas que se suponía que

Hill debía recordar ese día, y el requisito de quitar el bloqueo de ráfagas se le olvidó.

La *Fortaleza Volante B-17* era una maquinaria complicada para su época. Presentaba cuatro motores independientes, tren de aterrizaje retráctil, múltiples solapas y hélices de paso variable que requerían una manipulación independiente según las condiciones de vuelo. Además, el avión fue diseñado y construido en 1935, solo 32 años después de que los hermanos Wright hicieran su primer vuelo en Kitty Hawk en un planeador de madera. En tres décadas, los controles de las aeronaves habían evolucionado considerablemente. Los hermanos Wright volaron su primer avión con un par de palos de madera. Pero el panel de instrumentos del B-17 presentaba cientos de perillas, ruedas, medidores y palancas. Era mucha información para que la manejara un solo hombre.

Después del accidente, los investigadores del Ejército concluyeron que el "error del piloto" fue el culpable del incidente. El accidente fue un golpe para la reputación de Boeing y la empresa estuvo al borde de la bancarrota. Sin embargo, a pesar del accidente, el Ejército compró algunos aviones de prueba más y les dio a los ingenieros una segunda oportunidad para resolver el problema. La solución simple que se les ocurrió eventualmente se conocería como la "lista de verificación previa al vuelo", un conjunto de instrucciones (a menudo aseguradas en un portapapeles) que deben completarse antes y durante el despegue y el aterrizaje.

En estos días, cada avión cuenta con una lista de verificación previa al vuelo. El término se usa comúnmente para referirse a cualquier conjunto de procedimientos que deben seguirse antes de la ejecución de una tarea importante, incluso si esa tarea no tiene nada que ver con aviones o vuelos.

Cuando finalmente terminó la Segunda Guerra Mundial en 1945, el Ejército había comprado miles de Boeing B-17. El avión fue fundamental para los Aliados para obtener la superioridad aérea sobre la Alemania nazi y ganar la guerra. Si no fuera por la invención de la lista de verificación previa al vuelo, las cosas podrían haber resultado diferentes.

"El Manifiesto de la Lista de Verificación"

La historia del desafortunado vuelo de prueba del B-17 y la invención de la moderna lista de verificación previa al vuelo se contó en un libro de 2009 titulado "El manifiesto de la lista de verificación" por el cirujano estadounidense Dr. Atul Gawande. El Dr. Gawande se graduó de la Escuela de Medicina de Harvard en 1995 y ha ocupado muchos cargos importantes en el gobierno, incluido el trabajo como asesor principal en el *Departamento de Salud y Servicios Humanos de los EE. UU.*, así como director del *Desafío Global de Seguridad del Paciente de la Organización Mundial de la Salud*. Para nuestros propósitos aquí, la conclusión más importante del libro de Gawande es reconocer la importancia de las listas de verificación para combatir la inconsistencia del desempeño humano. Una lista de verificación correctamente elaborada garantiza que una tarea se realice de manera precisa y ordenada. Sin tales instrucciones, las personas tienden a tomar atajos, descuidan el desempeño de tareas vitales y permiten que su atención se desvíe. Lo más curioso es que el Dr. Gawande descubrió que la capacidad de sus enfermeras para seguir instrucciones no se correlacionaba con su nivel de capacitación o experiencia. Cada vez que el profesional de la salud intentaba completar un diagnóstico sin una lista de verificación, era más probable que se dejaran de lado los pasos del proceso. Por eso, para cualquier proceso complejo es importante mantener una lista de verificación que describa la finalización del mismo. En el mundo corporativo, tales listas de verificación generalmente vienen en forma de Procedimiento Operativo Estándar (SOP).

Cómo escribir un procedimiento operativo estándar (SOP)

Algunos podrían suponer que todos los gerentes o dueños de negocios aprecian la utilidad de mantener una lista de verificación de los procedimientos de la oficina. Pero la tarea de sistematizar los procedimientos del lugar de trabajo (incluso para las tareas más repetitivas) parece ser una algo que los gerentes evitan como la peste. Tómese un momento para pensar en su propia historia laboral.

- ¿Ha trabajado alguna vez en una empresa en la que la fotocopiadora se estropea una vez al mes, pero nadie sabe a quién llamar para arreglarla?
- ¿Alguna vez lo llevaron a un escritorio en su primer día de trabajo y le preguntaron al personal qué tareas debería realizar, solo para que tropezaran en un intento de desenterrar algún tipo de esquema que describiera sus responsabilidades diarias?

Los lectores que hayan trabajado en campos como la ingeniería, la aviación, la hotelería o la fabricación probablemente estén familiarizados con la utilidad de las listas de verificación de procedimientos. Pero aquellos que hayan trabajado en oficinas ubicadas en centros comerciales y edificios anodinos, probablemente estén *más* familiarizados con las muchas ineficiencias sistémicas de la gestión. Los SOP ayudan a sistematizar estos procesos desordenados. Por supuesto, la manera exacta en la que crea un SOP puede variar. Algunas empresas confían en un elaborado software de seguimiento de tareas y otras simplemente usan un portapapeles. Dado que este libro está dirigido a nuevos empresarios y dueños de negocios, es probable que actualmente no confíe en un sistema SOP existente. Por lo tanto, en este capítulo diseñaremos las tres secciones esenciales que debe contener todo SOP.

SOP Sección 1: Describa por qué es importante completar una tarea

Es común que los gerentes de oficina construyan listas de verificación y asignen tareas a los empleados sin comunicar por qué la tarea es importante. Esto es desafortunado porque cuanto más vital crea el empleado que es la tarea para el bienestar general de los miembros de su equipo, más en serio tomará la tarea. Los humanos tenemos esta extraña tendencia a querer hacer algo importante y significativo en el mundo. Queremos producir algo de valor, algo que marque la diferencia. Si nunca se le dice al empleado por qué sus acciones afectarán a otros humanos más adelante en la cadena de suministro es posible que no vea el significado de la tarea y que no se sienta obligado a esforzarse mucho para completarla.

SOP Sección 2: Identifique quién será responsable de informar sobre el estado de finalización de la tarea

Si bien es frecuente que varias personas participen en la finalización de una tarea, es esencial que solo se asigne *una* persona para informar sobre el progreso de la misma. Cualquier tarea que simplemente cuelga en el éter y nunca se asigna rigurosamente a un miembro individual del equipo es más probable que sea simplemente ignorada por todos los miembros. Esto puede conducir a un fenómeno similar al *efecto espectador*, en el que cada empleado piensa que todos los demás empleados son la persona responsable del trabajo. En consecuencia, el trabajo nunca se completa en absoluto. Para evitar este problema, el SOP debe identificar a un empleado como la persona responsable de informar sobre el progreso de la tarea. A medida que se acerca la fecha de vencimiento, el trabajo de este empleado designado es garantizar que se contabilicen las contribuciones requeridas de cada miembro del equipo.

SOP Sección 3: Describa cómo se realizará la tarea

Finalmente, en esta sección vamos a esbozar la forma y el método exactos mediante los cuales se realizará la tarea. La pedagogía generalmente se elabora en forma de una lista de verificación textual, pero también podemos incluir diagramas de flujo, diagramas, capturas de pantalla o videos instructivos. Los formatos de los medios variarán entre las industrias.

Si es propietario de una pequeña empresa y nunca antes ha intentado escribir un SOP, es posible que el proceso lo intimide. Pero no se preocupe. Los SOP son documentos vivos, diseñados para cambiar y mejorar con el tiempo. Su primer borrador no tiene que ser perfecto. Si no tiene experiencia en la formalización de un proceso, entonces podría ser útil comenzar primero con la tarea más simple del lugar de trabajo, como su rutina nocturna para limpiar la oficina.

- ¿Hay algún basurero que esté siempre lleno?
- ¿El gabinete de café siempre se queda sin sobres de azúcar?
- ¿Hay alguna impresora que siempre se queda sin papel?

Crear una lista de verificación sobre cómo se deben administrar estos elementos es el primer paso para garantizar que se realicen las tareas. A partir de ahí puede pasar a procesos más sofisticados.

- Al igual que una lista de verificación de los pasos a realizar cada abril cuando prepara sus impuestos para su contador.
- O una lista de verificación de preguntas de la entrevista para su próxima evaluación de empleados.
- O una lista de verificación de artículos que debe llevar para su próxima exhibición en el centro de convenciones.

La parte más difícil de escribir una lista de verificación no radica en saber *qué escribir*, sino en saber qué *no escribir*. Se debe buscar la brevedad por sobre la verborragia. Pero la claridad es más importante que la brevedad. Cuando se trata de procedimientos operativos estándar, la queja más común que tienen los empleados es que son:

- demasiado difíciles de seguir,
- demasiado largos,
- o demasiado complejos.

Por lo tanto, para cada paso del proceso, esfuércese por describir de manera sucinta exactamente lo que el empleado debe hacer para completar el paso. No escriba un párrafo para cada elemento de su lista de verificación, el paso de acción no necesariamente tiene que caber en una línea de texto. Pero si descubre que está dedicando numerosas oraciones a describir cada paso, entonces probablemente debería considerar revisarlo. Además, querrá evitar el uso de:

- frases lingüísticamente elegantes,

- fuentes extrañas,
- tamaños de letra pequeños,
- y exclusivamente caracteres en mayúsculas.

Nuestro objetivo al crear cada SOP se puede resumir en tres palabras: claridad, brevedad y precisión. Como escribió el Dr. Gawande:

Las buenas listas de verificación son precisas. Son eficientes, van al grano y fáciles de usar incluso en las situaciones más difíciles. No intentan explicarlo todo: una lista de verificación no puede hacer volar un avión. En su lugar, brindan recordatorios de solo los pasos más críticos e importantes, los que incluso un profesional altamente calificado podría pasar por alto. Las buenas listas de verificación son, sobre todo, prácticas.

Ponga sus SOP en uso

Una vez que haya completado el primer borrador de sus Procedimientos operativos estándar, entonces es hora de ponerlos en práctica. En esta sección enumeraremos algunos consejos para garantizar que aproveche al máximo sus nuevos SOP.

Consejo 1: Sus SOP deben ser fácilmente accesibles

Como se insinuó anteriormente, sus esfuerzos para crear SOP para su oficina serán en vano si nadie puede encontrarlos. El procedimiento específico necesario para completar una tarea debe residir cerca del lugar donde se realiza la tarea. Si los volantes se doblan y se meten en sobres en la mesa amarilla de la sala de correo, entonces el SOP que describe este proceso también debe estar disponible cerca de la mesa amarilla en la sala de correo.

Además, es importante resistir la tentación de simplemente imprimir todo el manual de operaciones y colocarlo en una ubicación centralizada. La gente odia usar índices y hojear páginas para encontrar las instrucciones que necesitan para una tarea. Por lo tanto, solo imprima las páginas que se requieren explícitamente en la estación de trabajo en la que se ejecuta la tarea. Es decir, si sus SOP para la tarea de *rellenar sobres* se encuentran en las páginas 10 a 15 de su manual de operaciones, imprima solo las páginas 10 a 15. Adjunte estas cinco páginas a un portapapeles y cuelgue el portapapeles junto a la estación de trabajo. Cuanto más fácil sea para los empleados acceder a los SOP, más probable será que realmente los sigan.

Consejo 2: Sus SOP deben ser un "documento vivo"

No es raro encontrarse con un gerente de oficina que alguna vez eligió escribir una larga lista de verificación de operaciones en un solo archivo de Microsoft Word. Después de eso, guardó rápidamente este archivo en las entrañas de su disco duro, donde todavía se encuentra hasta el día de hoy, sin alteraciones ni uso durante décadas. Además, mientras estábamos aburridos durante el almuerzo, muchos de nosotros hemos examinado casualmente el popurrí de objetos efímeros que se acumula en las paredes de la sala de descanso de una oficina. Aquí, capa tras capa de anuncios, avisos, advertencias y reglas están clavadas en el tablero de corcho, proclamando obedientemente el proceso mediante el cual se debe limpiar el refrigerador, solo para que todos los ignoren por completo.

Un buen SOP es un "documento vivo". Es decir, el documento se almacena de manera que es posible editarlo, actualizarlo, corregirlo, revisarlo y reimprimirlo. Debe existir un procedimiento para que los empleados hagan todo lo anterior. Y se debe alentar al personal calificado a realizar ajustes mayores y menores en el documento siempre que sea posible. Esto generalmente implica almacenar el archivo en una red de oficina e implementar algún tipo de sistema de control de versiones para que el personal pueda hacer referencia a instancias anteriores del documento cuando sea necesario. Se puede comprar software SOP elaborado para tales tareas. Sin embargo, para oficinas pequeñas, la mayoría de nuestras necesidades técnicas pueden satisfacerse a través de un simple archivo de Google Docs.

Consejo 3: Evite usar SOP o software de seguimiento de tareas (al menos al principio)

Si navega por la tienda de aplicaciones de Apple o realiza una búsqueda en Google de software SOP o aplicaciones de listas de tareas pendientes, encontrará miles de aplicaciones de productividad de este tipo para elegir. Las aplicaciones de listas de verificación siempre han sido bastante populares. Las computadoras personales han presentado varios tipos de aplicaciones de "lista" desde los primeros días de la industria.

- Microsoft ha incluido una aplicación de lista de tareas pendientes con cada versión de Microsoft Outlook desde 1997. En 2017 Microsoft lanzó otra aplicación de lista de tareas pendientes llamada "Microsoft To-Do".
- Además, existen muchas aplicaciones móviles populares, incluidas Wunderlist, Todoist, Remember-The-Milk, Todo.txt y Evernote.
- En el mundo corporativo, los SOP a veces se crean digitalmente utilizando software comercial como Dozuki, Trainual y Waywedo.

Si bien todas estas aplicaciones tienen su lugar, si su empresa no está actualmente conectada a uno de estos sistemas, entonces puede ser mejor evitar integrarlos en el flujo de trabajo de su oficina de inmediato. Si bien el seguimiento de tareas de su empresa puede verse favorecido por esta tecnología, es cierto que, si no puede hacer que sus SOP funcionen simplemente imprimiendo páginas desde su aplicación de procesador de texto favorita, entonces probablemente agregar componentes electrónicos adicionales no sea de gran ayuda.

Comentario final sobre la importancia de los SOP

Ya sea que sea un titán de la industria o un trabajador particular, espero que este capítulo lo haya convencido del valor que se obtiene cuando las tareas se completan a través de un conjunto de procedimientos operativos estándar bien elaborados y mantenidos adecuadamente o una lista de verificación. Si bien es posible que no esté en el negocio de volar aviones o salvar vidas, tener sistemas rigurosos para administrar su negocio cambiará la forma en que este funciona. Una vez que aprenda a ver su negocio como un conjunto de procedimientos y módulos, es posible que se sorprenda del aumento de la productividad. Cuando sus empleados trabajan en equipo hacia su visión corporativa y saben qué hacer y cómo hacerlo, entonces sucede algo mágico. Su pequeña oficina se convierte en una máquina delicadamente afinada y es posible que se sorprenda de la eficiencia de su creación.

Para ver un ejemplo perfecto de cuán rentable puede ser un negocio que se basa en procedimientos formales, no busque más allá del centro de su localidad. Examine a los sospechosos de siempre que bordean las avenidas de su ciudad:

- McDonald's
- KFC
- Burger King
- Pizza Hut
- Taco Bell
- Domino's
- Subway

Obviamente, el proceso algorítmico por el que operan estas franquicias les ha funcionado bien. En este momento, hay más de doscientas mil ubicaciones de franquicias de comida rápida que operan en Estados Unidos. Por supuesto, no todas las empresas operan a través de servicios que pueden formalizarse tan fácilmente como voltear hamburguesas y hacer sándwiches. Pero, cuando sea posible, esfuércese por permanecer atento a las oportunidades en su espacio de trabajo que podrían beneficiarse de un conjunto de Procedimientos Operativos Estándar. No es necesario ser propietario de una franquicia de comida rápida para apreciar el beneficio financiero que proviene de un pensamiento tan sistemático. Como escribió Michael Gerber en su libro más vendido El Mito E Revisado:

El sistema dirige el negocio. La gente maneja el sistema. En el Prototipo de Franquicia, el sistema se convierte en la solución a los problemas que han acosado a todas las empresas y a todas las organizaciones humanas desde tiempos inmemoriales. El sistema integra todos los elementos necesarios para que un negocio funcione. Transforma una empresa en una máquina o, más exactamente, porque está tan viva, en un organismo impulsado por la integridad de sus partes, todas trabajando en conjunto hacia un objetivo realizado.

Cap. 11: Los grandes líderes establecen objetivos S.M.A.R.T.

Curiosamente, la práctica de establecer y realizar un seguimiento de los objetivos comerciales es algo natural para algunos empresarios, pero su utilidad sigue siendo un misterio para otros. Muchos gerentes parecen ver su trabajo como una lucha contra las fuerzas del desorden y el caos. Mientras el edificio de oficinas no se incendie, simplemente mantener el *statu quo* es suficiente para cumplir con sus objetivos comerciales. Esta no es siempre una postura injustificada. Algunas ocupaciones no requieren necesariamente una mentalidad que anhele una expansión infinita. Es posible que el propietario ya esté satisfecho con su parte del pastel del mercado y no esté interesado en nuevas conquistas. Sin embargo, si lidera un equipo con ambiciones más elevadas, probablemente necesitará una hoja de ruta más rigurosa para el crecimiento corporativo.

Como se discutió en el capítulo anterior, la *elaboración de listas* y el *establecimiento de metas* son dos habilidades que muchos gerentes evitan formalizar. Para algunos, parece existir un extraño bloqueo mental en el que piensan que el acto de escribir objetivos y realizar un seguimiento de las métricas sofoca su flujo de trabajo. O, quizás más comúnmente, son demasiado perezosos para hacerlo. En este capítulo intentaremos convencerlo del valor que se obtiene al colocar a su equipo en un régimen de establecimiento de *objetivos*. Una vez que se dé cuenta de que es posible llegar a una medida objetiva del progreso, las metas que se proponga pueden actuar como faros, iluminando para siempre el camino hacia el éxito. Para llevar este punto a casa, analicemos tres razones por las que el establecimiento de objetivos es tan esencial para el crecimiento empresarial.

Razón 1: Las metas lo ayudan a enmarcar su pensamiento

En el mundo de los negocios es bastante común encontrarse con grandes corporaciones llenas de "idiotas ocupados", personas que parecen ocupadas pero que en realidad no están haciendo nada. Más comúnmente, puede darse el caso de que las acciones de estas personas sean generativas, pero dado que no existe un esquema para medir su rendimiento, nadie en la empresa sabe si son (o no) productivas.

Las personas más exitosas de este mundo (desde el atleta olímpico Michael Phelps hasta el magnate de los negocios Bill Gates) se fijan metas diarias, semanales y anuales. El mero hecho de escribir un objetivo diario les brinda a usted y a su equipo una visión por la cual trabajar. A medida que avance en su día de trabajo, su mente subconsciente se esforzará silenciosamente por orientar sus acciones de momento a momento de tal manera que sus esfuerzos se dirijan a lograr los objetivos de su lista de tareas pendientes, en lugar de los muchos elementos imprevistos e intrascendentes que se materializan espontáneamente en su escritorio cada mañana.

Razón 2: Las metas crean responsabilidad

El mero acto de escribir públicamente una meta actúa como un dispositivo de compromiso que responsabiliza a las personas por la consecución del objetivo. Los objetivos a nivel de equipo, en particular, pueden ser efectivos porque aprovechan nuestra necesidad básica de aceptación social y admiración. Tenemos un impulso humano innato para evitar defraudar al equipo. Y proclamar públicamente nuestras metas tiene el beneficio de incitar la motivación y aprovechar las fuerzas de la presión de grupo. En ausencia de objetivos diarios, su equipo puede sentirse obligado a apegarse a cualquier rutina cómoda que les permita llegar a las cinco en punto sin incidentes. Pero la *comodidad* es enemiga del éxito. Ni usted ni su equipo pueden aspirar a lograr un rendimiento superior a menos que salgan de su zona de confort y se esfuercen por lograr un objetivo que nunca antes hayan logrado.

Razón 3: Los objetivos ayudan a su equipo a concentrarse

Todos estamos acostumbrados a ver banderas utilizadas con fines ceremoniales. Pero pocos se han detenido a contemplar su significado militar histórico. En una era anterior a los auriculares montados en los cascos, las comunicaciones por satélite y los comandos estratégicos asistidos por computadora, los hombres en el campo de batalla tenían que confiar en las banderas para identificar cuánto terreno había ganado o perdido su régimen. El soldado que sostenía los colores de la unidad tenía que ser valiente, ya que tenía la tarea de izar la bandera en alto, incluso en medio de los horrores de la batalla. Con toda esta confusión, la bandera se mantuvo como un faro que ayudó a las tropas a concentrar sus acciones y trabajar en conjunto para seguir avanzando en la búsqueda de la victoria.

Afortunadamente, la oficina moderna no es tan caótica como una zona bélica. Sin embargo, como líder, sí necesita navegar en la *niebla de la guerra*: el inevitable miasma de confusión y duda que surge cuando un grupo de personas intenta reunirse y ejecutar una tarea complicada. Por lo tanto, cuando escriba los objetivos de su equipo, piense en ellos como una bandera, un faro brillante que ilumina el camino a seguir y ayuda a su equipo a recordar en qué dirección deben dirigirse. El establecimiento de metas ayuda a unificar sus pensamientos y dirigir su atención hacia un solo objetivo.

Desafortunadamente, el establecimiento de objetivos convencionales dentro de una corporación a menudo implica simplemente asignar funciones vagas a los empleados en función de sus títulos de trabajo. No es raro que los gerentes combinen las "metas" actuales del empleado con su "descripción del trabajo" actual. A un empleado se le puede asignar un título en su primer día de trabajo y su "objetivo" puede permanecer sin cambios durante décadas. Esta estrategia de "configúrelo y olvídese" conduce al estancamiento de los empleados y puede resultar en una fuerza laboral apática. Además, la metodología de establecimiento de objetivos puede consistir solo en dictados corporativos vagos como:

- "Supervisar la calidad de las entregas".
- "Garantizar el bienestar del personal de la oficina".
- "Defender los valores fundamentales de la empresa".

Si se toma el tiempo de reflexionar sobre tales decretos, concluirá que no son lo suficientemente prescriptivos. Tales objetivos no se pueden medir fácilmente. Están abiertos a la interpretación y son demasiado etéreos para ser de mucha utilidad. Dadas estas máximas trilladas, ¿cómo sería el éxito y el fracaso?

En la siguiente sección discutiremos una mejor manera de establecer objetivos comerciales.

La metodología convencional de establecimiento de metas

Un paradigma convencional de establecimiento de objetivos generalmente requiere una receta que incluye los siguientes pasos:

- **Paso 1**: Primero, identifique una meta que le gustaría que su equipo alcance. Tal vez desee crear un nuevo producto, aumentar una línea de productos existente o aumentar la eficiencia con la que entrega su producto.

- **Paso 2**: Esboce algunos pasos de acción para que su equipo los realice en pos de este objetivo.
- **Paso 3**: Revele el nuevo plan a su equipo y asigne sus diversos pasos de acción a los miembros individuales del mismo.
- **Paso 4**: Indique a su equipo que siga realizando estas acciones hasta que se logre el objetivo.

Los pasos descritos anteriormente están bien. De hecho, tener *algún* tipo de sistema de establecimiento de objetivos es mejor que no tener ninguno. Y para las ocupaciones que requieren mano de obra poco calificada, la implementación de un sistema de seguimiento de objetivos más complejo no siempre es fructífero. Pero para empresas dinámicas que requieren acciones en toda la organización y planificación colaborativa, este paradigma convencional de establecimiento de objetivos no es ideal. En esta sección describiremos una estrategia alternativa que se ha vuelto bastante popular entre los gerentes de empresas en los últimos años. Se llama *Criterios de establecimiento de objetivos SMART*.

Establecimiento de objetivos SMART

SMART es un esquema de establecimiento de objetivos basado en cinco principios:

- Específicos (**S**pecific)
- Medibles (**M**easurable)
- Asignable (**A**ttainable)
- Realistas (**R**easonable)
- De duración limitada (**T**ime-bound)

Los criterios fueron desarrollados por George Doran y publicados en una edición de *Management Review* de 1981 titulada "*Hay una manera S.M.A.R.T. de escribir las metas y objetivos de la gerencia*". El *sistema SMART* de Doran aconseja al profesional que siempre se asegure de que un nuevo objetivo se ajuste a cada una de las cinco reglas. Las describiremos a continuación.

Regla 1: Los objetivos deben ser "específicos"

Perseguir la especificidad al decidir sobre un nuevo objetivo. Establecer una meta vaga como "Quiero ganar más dinero" no es una meta SMART. El objetivo no especifica un paso de acción y no es específico acerca de cómo un empleado podría lograrlo. En cambio, un objetivo SMART se vería así:

Quiero que mi equipo de marketing se comunique con 30 clientes potenciales por día, en lugar de los 15 clientes que están contactando actualmente.

Esta meta es mejor porque describe un objetivo específico a alcanzar. Duplicar la cantidad de clientes que contacta por día puede duplicar sus ventas. Duplicar sus ventas le hará ganar más dinero, que era el objetivo original.

Regla 2: Los objetivos deben ser "medibles"

Una vez que haya elegido su objetivo específico, determine las métricas con las que medirá el progreso del mismo. En nuestro ejemplo anterior, el emprendedor quería mejorar la productividad de su equipo de marketing aumentando la cantidad de clientes contactados por día. Por lo tanto, crear un registro diario de llamadas telefónicas podría ser el primer paso que demos en nuestros intentos de cuantificar esta métrica.

Regla 3: Los objetivos deben ser "asignable"

Los objetivos pueden ser asignados a individuos o equipos, pero solo una persona debe tener la tarea de registrar e informar sobre el progreso del equipo. Especificar a una persona para este trabajo ayuda a aliviar los problemas de comunicación comunes que surgen cuando se les pide a varias personas que realicen un seguimiento de las métricas individuales. Si ninguna persona es responsable de recopilar estos datos, es posible que solo reciba una mezcolanza de respuestas desorganizadas cuando sea el momento de solicitar un informe de progreso.

Regla 4: Las metas deben ser "realistas"

Si su personal está actualmente haciendo 15 llamadas de clientes por día y establece una meta para mover este número a 1000 por día para el final del trimestre, entonces esta meta puede no ser realista dados sus recursos de personal actuales. Por el contrario, los objetivos que establezca deben ser razonablemente alcanzables por su equipo. Sin embargo, esto no quiere decir que no deba establecer objetivos más elevados. Si bien puede que no sea posible incitar a sus empleados a pasar de 15 a 1000 llamadas diarias en un trimestre, tal vez se pueda plantear el objetivo de lograr 100 llamadas. El tercer director ejecutivo de Intel, Andy Grove, a menudo usaba el término *"objetivos ambiciosos"* para referirse a objetivos que eran tan elevados que su logro estaba un poco más allá del ámbito de la posibilidad. Sin embargo, debido a que la meta era tan abiertamente ambiciosa, incluso lograr una mera fracción de ella sería en realidad una hazaña impresionante. Como le gustaba decir a Andy Grove:

70% es el nuevo 100%.

Esto significa que, incluso si el equipo no logra el 100% del objetivo, está bien. Porque dado que el objetivo era tan ambicioso, alcanzar incluso el 70% sigue siendo satisfactorio. Grove creía que los objetivos ambiciosos tenían un efecto positivo en la psicología de los empleados. Establecer un *objetivo ambicioso* podría motivar al equipo a ir más allá de los niveles de rendimiento alcanzados anteriormente. Los miembros del equipo pueden estar inclinados a tomar más medidas y evolucionar su estilo de trabajo para alcanzar el nivel establecido por el último desafío.

Regla 5: Los objetivos deben ser "de duración limitada"

Recuerde la *ley de Parkinson,* que se discutió en el Capítulo 8:

El trabajo se expande hasta llenar el tiempo disponible para completarlo.

La mera existencia de esta ley ejemplifica cuán crítico es que nuestros objetivos SMART estén sujetos a plazos. Los objetivos que no se persiguen con un plazo fijo en mente tienen menos probabilidades de alcanzarse. Siempre habrá una excusa para no trabajar en un proyecto determinado. Establecer una fecha límite estricta tiende a forzar la finalización del proyecto en la parte superior de la pila mental del empleado. Y a medida que se acerca la hora de la fecha límite, el empleado se verá obligado a dedicar más y más recursos para completar la tarea. Es por eso que todos los estudiantes encuentran repentinamente el tiempo y la fuerza de voluntad para estudiar para el examen final la noche anterior al examen. Los plazos inminentes tienen la curiosa capacidad de impulsarnos a la acción, incluso en las primeras horas de la mañana.

Dele una oportunidad a los objetivos S.M.A.R.T.

Espero que esté comenzando a ver por qué adoptar un enfoque estructurado para establecer metas puede ser tan fructífero. El uso de un paradigma riguroso de establecimiento de objetivos ayuda a garantizar que cada empleado trabaje en armonía hacia una visión corporativa compartida. Por supuesto, el sistema SMART es solo una de las muchas herramientas de gestión empresarial. Probablemente haya oído hablar de otros esquemas para mejorar los mecanismos de producción como:

- Six Sigma

- OKR
- ISO 9000
- Kaizen
- Kanban

En última instancia, su objetivo debe ser encontrar un sistema de seguimiento de objetivos y gestión de tareas que funcione mejor para las necesidades específicas de su industria. Pero a pesar de las particularidades del sistema que elija, lo más importante es que los objetivos de su empresa se gestionen a través de un proceso sistemático, que se base en plazos y puntos de datos firmemente establecidos. Como solía decir Edwards Deming:

En Dios confiamos, los demás deben traer datos.

Cap. 12: Los grandes líderes cuidan su mente y su cuerpo

Los medios a menudo representan a nuestros titanes de la industria bajo una luz romántica. Los jefes se presentan como figuras heroicas, capaces de superar cualquier obstáculo y triunfar ante la adversidad a través de su pura fuerza de voluntad. Se sientan en lo alto de edificios de gran altura, trabajan hasta altas horas de la noche y utilizan su ingenio y astucia para navegar por su imperio a través de circunstancias peligrosas.

Por supuesto, la realidad es muy, muy diferente. Los empresarios exitosos se cansan, se frustran, son perezosos y cometen errores, como todos los demás. Y cuanto más tiempo hayan estado en el rol de liderazgo, más errores habrán acumulado. Ninguno de nosotros somos superhéroes. Solo somos simios avanzados que luchan por procesar los montones de datos complejos que fluyen entre nuestros oídos, intentando abordar dilemas que nuestros antepasados antiguos habrían encontrado desconcertantes. Desafortunadamente, es demasiado común encontrarse con un empresario que ha pasado décadas maldiciendo sus propias limitaciones innatas, ignorando su salud personal y fingiendo que es, de alguna manera, inmune a las leyes de la física y la necesidad del cuerpo de descansar y recuperarse. Con el tiempo, aplazar la necesidad de cuidar la salud de uno genera estrés, agotamiento y una miríada de otras condiciones de salud que eventualmente afectarán la capacidad de liderazgo de uno.

Por lo tanto, en lugar de amolar su cuerpo como una herramienta usada en exceso, sugerimos un enfoque alternativo. Así como conocer los "parámetros operativos máximos" de la maquinaria en su lugar de trabajo

191

revelará cómo obtener el mejor rendimiento de cada dispositivo, conocer las limitaciones de su propia mente le permitirá ajustar su carga de trabajo para que pueda operar al máximo rendimiento. Como dijo Buda:

La mente lo es todo. En lo que piensas te conviertes.

Es así, su mente lo es *todo*. Es la mejor herramienta que jamás tendrá. Si bien hay algunos jefes que, paralizados del cuello para abajo, han logrado liderar un equipo de empleados sin usar su cuerpo, nadie ha liderado un equipo sin su mente. Así que, asegúrese de cuidarla. En este capítulo, describiremos dos formas de hacerlo a través del sueño y la meditación.

Parte 1: La importancia del sueño

Hay un famoso discurso motivacional de Arnold Schwarzenegger que ha estado dando vueltas en Internet durante años. Contiene algunos consejos importantes sobre "trabajar duro" y "ser tu mejor yo". Además, cerca del final del discurso, Arnold ofrece este pequeño truco de gestión del tiempo:

Tenemos 24 horas y solo dormimos 6, así que quedan 18 horas. Sí, claro, algunas personas dicen que duermen 8 horas. Para ellos, solo tengo un mensaje: "Duerman más rápido".

Cuando escuché por primera vez esta frase, "dormir más rápido", me encogí un poco. Reducir sus horas de sueño es quizás lo peor que puede hacer por su productividad diaria. El informe de 2015 de la Fundación Nacional del Sueño dicta que los adultos sanos de 26 a 64 años deben dormir de 7 a 9 horas por noche. Algunas personas parecen necesitar menos, mientras que otras necesitan más. Si alguna vez trata de "dormir más rápido" (como sugiere Arnold), entonces está tratando de hacer que su cuerpo haga algo para lo que no está programado.

Aun así, puedo apreciar el sentimiento de Arnold. Ya que está leyendo este libro, es posible que (como yo) se enoje con usted mismo cuando no es productivo. Le molesta la ineficiencia. Y está bien que sea así. Después de todo, su capacidad para detectar ineficiencias sistémicas es la razón por la que es un jefe en primer lugar. Le gusta el orden, la competencia y el esfuerzo productivo. Y cuando su cuerpo insiste en no hacer nada, cuando lo llama a dormir, le molesta esa petición. Los humanos pasamos alrededor de un tercio de nuestras vidas tirados durmiendo.

¿No es eso un desperdicio?

Esta cuestión me molestó durante bastante tiempo. Como muchos emprendedores, si no estoy produciendo, siento que me estoy estancando. Sin embargo, para racionalizar mejor el gasto nocturno de sueño, es útil considerar sus múltiples beneficios. Como jefe en una oficina de ritmo acelerado, su cerebro debe actuar como una supercomputadora durante la jornada laboral. Debe ser capaz de manejar tareas complejas como relaciones con los empleados, análisis de mercado y planificación estratégica a largo plazo. Estos esfuerzos son un desafío para esa computadora de tres libras que se encuentra entre sus oídos. Pero, dado que es la máquina más potente y compleja de su oficina, su necesidad de mantenimiento y tiempo de inactividad no debería sorprenderle.

La APA (Asociación Americana de Psicología) ha identificado cientos de beneficios para dormir. El sueño mejora la salud metabólica y reduce la inflamación que puede provocar obesidad, diabetes y enfermedades cardíacas. Pero lo más importante para nuestros propósitos aquí es que el sueño mejora la función cognitiva, la memoria y la resistencia mental. Podrá recordar haber tenido dificultades para tomar una gran decisión cuando era niño, completar un problema de matemáticas o aprender una nueva pieza musical. Y es posible que haya escuchado a su madre dar algunos sabios consejos como:

Consúltalo con la almohada. Las cosas siempre parecen más brillantes por la mañana.

Bueno, puede agradecerle a su madre porque darle a su cerebro algo de tiempo para trabajar en un problema mientras duerme podría permitirle llegar a una mejor solución. Cuando logra un nivel profundo de sueño (llamado "sueño de ondas lentas"), su cerebro parece realizar un ejercicio de consolidación de información. Los recuerdos migran desde su hipocampo a su corteza prefrontal, donde luego se etiquetan para su almacenamiento a largo plazo. Mientras duerma, su cerebro reordenará las prioridades en su mente. Y cuando se levante por la mañana y reconsidere sus problemas nuevamente, puede que se sorprenda al descubrir que algunos factores se han resuelto mentalmente. Algunas de las cuestiones que lo perturbaron ayer pueden parecer ahora intrascendentes. Y quizás se pregunte por qué le resultó tan difícil resolver un problema que ahora parece tener una solución obvia. Por lo tanto, debe ver el "dormir" como una herramienta más en su caja de herramientas. En cierto modo, mientras duerme, *todavía* está trabajando.

Como mínimo, es sin duda fundamental para el rejuvenecimiento de sus facultades físicas y mentales. Como dijo el Dr. Russell Foster del *Instituto de Neurociencia Circadiana y del Sueño de Oxford*:

[Mejorar nuestra comprensión de la importancia del sueño es] uno de los grandes triunfos de la neurociencia moderna. [Dormir no es una] indulgencia ni un lujo. No es un momento en que el cerebro y el cuerpo estén haciendo "nada". Es una parte crítica de nuestra biología.

Teniendo en cuenta lo anterior, hemos enumerado algunos consejos que deberían ayudarlo a aumentar tanto la duración como la calidad de sus sesiones de sueño.

Consejos de sueño

Consejo 1: Ritualiza el proceso de preparación para dormir

Al intentar cuantificar el valor del descanso de la noche anterior, es común que las personas sumen la cantidad de horas que pasaron en la cama. Sin embargo, la *calidad* de su sueño es tan importante como la *duración*. Probablemente haya tenido la experiencia de intentar dormir en un autobús, un tren o en una habitación de hotel extraña. Y probablemente haya notado que el período de sueño no lo repone por completo, al menos no en la medida en que normalmente lo hace en su propia habitación. El sueño verdaderamente reparador requiere más que una cama cómoda. Cuando intenta dormir en un entorno desconocido, el hemisferio izquierdo del cerebro permanece en modo de alerta. Es posible que no sea consciente de su entorno, pero es más probable que se despierte después de escuchar un golpe inocuo en la noche. Este fenómeno se conoce como el *efecto de la primera noche* y es la razón por la cual las habitaciones de hotel (a pesar de sus lujosas comodidades) a menudo no logran brindarnos un sueño de calidad.

El cuerpo anhela consistencia. Su cerebro inferior se siente más cómodo cuando observa que está siguiendo una rutina familiar. Por esta razón, ritualizar el acto de prepararse para acostarse debería tener el beneficio adicional de indicarle a su mente que es hora de dormir. Un ritual de sueño típico podría incluir:

- llevar registros en un diario
- bañarse
- hacer estiramientos
- orar
- meditar
- leer

- escuchar música relajante

Tales acciones ayudan a calmar la mente y promueven la relajación, facilitando la transición de un estado de vigilia a un estado de sueño. Al incorporar estas actividades en su rutina nocturna puede crear una asociación dentro de su mente, indicándole a su cuerpo que es hora de relajarse y prepararse para descansar.

Consejo 2: Use un cubrecolchón

La persona promedio pasa alrededor del 65% de la noche durmiendo de un lado o del otro. Si duerme ocho horas cada noche, eso se convierte en 5,2 horas por día, o el 21,6% de su vida.

Sí, es cierto.

Pasas el 21,6% de tu vida balanceando tu cuerpo sobre tu hombro izquierdo o derecho mientras duermes.

Por esta razón, es beneficioso contar con una mayor amortiguación entre los hombros y el propio colchón. Los cubrecolchones (almohadillas gruesas y acolchadas que descansan sobre un colchón) aún no se han convertido en un artículo residencial esencial. Eso es desafortunado, porque la ropa de cama adicional se adapta muy bien a la forma del durmiente para acomodar mejor el peso desigual. Una vez que comience a dormir en una cama con un cubrecolchón grueso (no los delgados y baratos que venden en Walmart), dormir en un colchón típico se sentirá como dormir sobre una piedra.

Tenga en cuenta que no todos los cubrecolchones son iguales. Lo que es más importante, muchos cubrecolchones (como la variedad de *Espuma con memoria*) no permiten mucha circulación de aire. La falta de circulación de aire entre las sábanas hará que su piel se caliente y sude durante la noche. Por lo tanto, considere invertir en una cubierta de colchón de plumas gruesa para obtener la máxima comodidad y un sueño reparador. Y si vive en un clima particularmente cálido, podría considerar invertir en un *cubrecolchón con enfriamiento eléctrico*. Estos están equipados con ventiladores diseñados para canalizar el calor corporal lejos del durmiente y regular la temperatura de la cama durante la noche.

Consejo 3: Duerma en un lugar frío y oscuro

Su dormitorio es su cueva. Es un lugar oscuro y seguro donde puede hibernar en reclusión como un oso pardo. Esto implica mantener su habitación libre de luz y ruido exterior, bien ventilada y ligeramente fría. Idealmente, su habitación debe estar a alrededor de los 65 °F (18,3 °C) cuando se acuesta. Dependiendo del plano de su casa, lograr este ambiente puede no ser fácil. Si su dormitorio tiene ventanas grandes que dan a la luz de la calle, entonces invierta en cortinas opacas o agregue un forro opaco a sus cortinas existentes.

Consejo 4: Cubra sus luces LED

No es raro que nos arrojen la contaminación lumínica que emana de la parafernalia electrónica que reside en cada rincón de nuestro dormitorio. Mientras dormimos, las luces LED brillan y parpadean como estrellas distantes, alimentadas por nuestras computadoras portátiles, cargadores de teléfonos y enchufes múltiples. Aunque es probable que no sea consciente de estas luces, posiblemente estén afectando negativamente su ciclo de sueño. Como lo expresó el neuropsicólogo de la ciudad de Nueva York, Sanam Hafeez:

Cuando un enrutador WiFi está encendido y funciona correctamente, el LED de Internet es blanco continuo, lo que significa que está conectado a Internet. Exponerse a la luz blanca durante las horas del día tiene efectos positivos, ya que mejora el estado de ánimo y el estado de alerta. Sin embargo, la luz blanca, que también contiene luz azul, puede mantenerlo despierto y alerta durante la noche.

Podemos deshacernos de nuestra habitación de tales plagas LED simplemente apagando nuestros componentes electrónicos antes de acostarnos. Pero muchos de nuestros dispositivos (como los cargadores de teléfonos, las computadoras portátiles y las regletas de enchufes) requieren que los dejemos iluminados. Si este es el caso, considere colocar un poco de cinta aislante negra (o cinta adhesiva) sobre cualquier luz LED que esté brillando constantemente hacia usted.

Consejo 5: Evite pasar demasiado tiempo frente a la pantalla por la noche

Como tantos estadounidenses, paso la última hora del día respondiendo correos electrónicos, viendo videos de YouTube o viendo las últimas series de Netflix. Dado que, en estos días, nuestras computadoras también actúan como centros de entretenimiento, pasamos gran parte de nuestras vidas absorbiendo medios de estas pantallas. Lo lamentable de los monitores de PC modernos es que la configuración de brillo a menudo es difícil de encontrar. Si le pido al usuario de computadora típico que atenúe el nivel de brillo de su monitor, la mayoría tendrá problemas para ubicar la configuración. Esto es desafortunado, porque la mayoría de los monitores de PC tienen su nivel de brillo calibrado en una configuración que es demasiado brillante para el trabajo de oficina. Así que considere tomarse un momento para encontrar estas configuraciones en su PC y ajustar el nivel de brillo a una configuración más baja. Al hacerlo, puede que lo sorprenda el nivel de intensidad en el que está trabajando actualmente. También puede descargar la aplicación gratuita *Flux* (de Michael y Lorna Herf en justgetflux.com) para ajustar automáticamente la intensidad de la luz azul de su monitor durante la jornada laboral.

Consejo 6: No beba demasiado líquido al final del día

Dado que el café y los refrescos se han convertido en las desafortunadas bebidas preferidas por el estadounidense promedio, no es raro encontrar personas que beben bebidas con cafeína a todas horas del día, incluso por la noche, cuando deberían evitar tales estimulantes. Beber cafeína antes de acostarse afectará negativamente su ciclo de sueño y puede provocar la necesidad de orinar durante la noche. La cafeína tiene una vida media de 5 horas. Lo que significa que si bebe un Starbucks Cold Brew (200 mg de cafeína) para el almuerzo, todavía tendrá 100 mg de cafeína flotando en su torrente sanguíneo cuando lleguen las cinco en punto. Así que trate de evitar tales bebidas en la segunda mitad del día.

Parte 2: Salud mental a través de la meditación

Cuando piensa en la meditación, puede que se imagine a un monje budista cantando en la posición del loto. A primera vista, la meditación puede no parecer algo que beneficiaría a un titán de la industria como usted. Pero aprender a meditar, aunque sea por un momento, puede ayudar de varias maneras. El lugar de trabajo moderno puede ser un paisaje diabólico. Con tanto dinero en juego y tantas personas que dependen de usted para recibir apoyo y orientación, el estrés se acumula rápidamente y puede repercutir en todo su cuerpo, desde la columna vertebral hasta los hombros.

Dado que usted es el jefe, por lo general es mejor presentar un retrato de resiliencia tranquila, incluso en los momentos más desesperados. Aprender a recomponerse a voluntad para detener los pensamientos negativos antes de que tomen forma puede ayudarlo a asegurarse de no sucumbir a las presiones del trabajo. Afortunadamente, la meditación le permite reducir los efectos de las emociones negativas. Incluso, puede tener el poder de revelar ideas perspicaces que es probable que se pierda cuando está distraído. Como escribió Russell Simmons en su libro de meditación "Éxito a través de la quietud":

A medida que sus pensamientos comiencen a asentarse, comenzará a experimentar la primera etapa de la meditación, que se conoce como "pensamiento más tranquilo". O como me gusta llamarlo, "hacer inventario". Durante esta etapa, cualquier pensamiento que venga a su cabeza aparecerá tan lenta y serenamente que podrá considerarlo de una manera que nunca podría normalmente. Es como si la mancha del mundo hubiera sido borrada de sus

lentes y finalmente pudieras ver sus ideas claramente. Esta etapa es cuando encontrará algunas de sus ideas e impulsos más creativos. Cuando Russell Brand habló sobre tener una idea de un millón de dólares durante la meditación, estoy seguro de que surgió durante esta etapa de "inventario", al igual que muchas de mis ideas más creativas para mis compañías de cine y televisión surgieron durante esta etapa.

Durante o después del estado meditativo puede experimentar una claridad de pensamiento y nuevas ideas pueden brotar de su mente como el agua de una fuente. Lo mejor de todo es que practicar la meditación a diario eventualmente le permitirá regular emocionalmente su mente. Esta habilidad es de gran beneficio porque le permitirá abordar cualquier situación de trabajo con una actitud tranquila y estoica. Y, lo mejor de todo, la meditación se puede practicar en solo quince minutos por día.

Cómo meditar

Al igual que las reglas de *Go* o *Ajedrez*, la meditación toma solo unos minutos para aprender, pero toda una vida para dominarla. Afortunadamente, podemos obtener los beneficios de la meditación mucho antes de convertirnos en maestros de meditación. Cuando recién comienza, es esencial *no* complicar demasiado el proceso. Sentarse en una posición tranquila y prestar atención a su propia respiración deben ser sus únicos objetivos iniciales. Si puede lograr este objetivo por tan solo quince minutos, entonces ya es un mejor meditador que la mayoría de las personas en el planeta.

Se puede acceder a innumerables ejercicios de meditación de forma gratuita en línea. A continuación hemos esbozado un breve conjunto de instrucciones para que pueda comenzar.

Cómo meditar:

Paso 1: Encuentre una habitación tranquila o un lugar en su hogar que esté libre de distracciones. Esta será su "área de meditación". Cada vez que medite debe hacerlo en el mismo lugar.

Paso 2: Configure un temporizador de quince minutos. Pero no olvide silenciar su teléfono celular para no escuchar el timbre de ninguna llamada entrante o mensaje de texto.

Paso 3: Encuentre un lugar cómodo para sentarse. Si es nuevo en la meditación, no se sienta obligado a sentarse con las piernas cruzadas en la posición del loto. En su lugar, siéntese en una silla suave o en un cojín y mantenga la columna erguida. No se recueste en un sofá ni se recline como si estuviera a punto de descansar; esto hará que su mente confunda la meditación con el sueño.

Paso 4: Cierre los ojos y concéntrese en su respiración. Tome conciencia del proceso por el cual el aire ingresa a su cuerpo, expande sus pulmones y luego sale por la nariz. No intente controlar su respiración como lo harías durante una carrera de maratón. Por el contrario, deje que sus pulmones se expandan y se contraigan naturalmente.

Paso 5: Eventualmente, su mente comenzará a divagar. Comenzará a pensar en su última discusión o en su próxima comida. Cada vez que esto suceda, simplemente observe el pensamiento intruso por lo que es, y luego vuelva a concentrarse en su respiración.

Paso 6: Cuando note que se estás perdiendo en sus pensamientos, trate de visualizar cada pensamiento como un objeto de conciencia. Luego, regrese su atención a la

respiración o a cualquier sensación que surja en el momento siguiente.

Paso 7: Continúe de esta manera durante el período de quince minutos. Observe la sensación, el sonido y la emoción a medida que surge como un objeto de la conciencia, se disipa y luego se desvanece.

Si nunca antes se ha encontrado con un ejercicio de meditación, es posible que se sorprenda de la brevedad de estas instrucciones. Notará que los primeros pasos de la meditación piden principalmente al practicante que mitigue los pensamientos intrusivos y respire de forma natural. El objetivo inicial es aprender a observar cada creación de la mente a medida que fluye a través de su flujo de conciencia. Entonces, buscamos sólo aceptar estos pensamientos y emociones exactamente por lo que son: meras perturbaciones mentales.

No se sienta desanimado si no tiene inmediatamente una experiencia espiritual trascendente durante sus esfuerzos iniciales con la meditación. Por el contrario, disfrute del precioso momento de paz. Y consuélese sabiendo que su mente se rejuvenece mientras medita.

A medida que progrese con la práctica, mejorará (al menos) a la hora de notar los pensamientos intrusivos a medida que llegan a la conciencia. De hecho, es posible que lo sorprenda la naturaleza mordaz de sus propias divagaciones mentales.

- ¿Es usted el tipo de jefe al que sus empleados pueden oír gritar desde el ascensor?
- ¿Camina en círculos en su oficina, yendo de un lado a otro y maldiciendo audiblemente al cielo?
- ¿Permite que su mente atienda todos y cada uno de los pensamientos negativos que llaman a la puerta?
- ¿Hay un pequeño crítico viviendo dentro de su cabeza, que está constantemente enojado por el error de algún empleado o por alguna catástrofe menor relacionada con el trabajo?

- ¿O tal vez esa vocecita en su cabeza siempre está enojada *con usted*?

El crítico hablador en nuestra cabeza se apresura a convertir nuestros pensamientos en injurias discursivas. A veces, sus divagaciones son tan malas que nos invalidamos con parálisis por análisis, miedo o incluso enfermedades relacionadas con el estrés. Las habilidades que emplea para convertirse en el ejecutivo de su propia mente son tan importantes como las habilidades que emplea para administrar su propia empresa. Así que tómese en serio su bienestar mental. Considere darle una oportunidad a la meditación. Y, aunque solo sea durante quince minutos al día, concédale a su mente un momento fugaz para simplemente existir en el mundo tal como es.

Cap. 13: Los grandes líderes tienen un buen equilibrio trabajo-vida

En 1659, el historiador anglo-galés James Howell publicó un libro de proverbios que contenía este memorable pasaje:

> **Solo trabajo y nada de juego hacen de Jack un chico aburrido.**

El proverbio es una advertencia de larga data que nos recuerda que si nos absorbemos demasiado en nuestro trabajo, entonces hay un costo social y psicológico que pagar, es decir, que nos volveremos "aburridos".

Casi dos siglos después, la novelista irlandesa Maria Edgeworth agregó una segunda línea al poema que nos brinda una advertencia alternativa:

> **Solo trabajo y nada de juego hacen de Jack un chico aburrido.**
>
> **Solo juego y nada de trabajo hace de Jack un mero juguete.**

Es importante entender la dicotomía que se describe en estas dos oraciones. Demasiado trabajo nos vuelve aburridos, y muy poco trabajo nos vuelve tontos. La implicación aquí es que en algún punto intermedio entre el trabajo y el juego se encuentra el equilibrio que todos debemos esforzarnos por mantener. El truco para administrar su *vida laboral* y su *vida personal* radica en identificar el punto de apoyo sobre el que se tambalea este equilibrio. D que su trabajo domine su vida no arruinará sus relaciones en un día. En cambio, los resultados perjudiciales de ser un adicto al trabajo lo afectarán perniciosamente. Un día, usted y su familia abrirán un nuevo negocio con gran ilusión, entusiasmo y esperanza en el futuro. Luego, un par de años más tarde, parpadeará y se encontrará divorciado, solo y dirigiendo una empresa en quiebra.

Desafortunadamente, este arco de vida es demasiado común. Dedicarse a la rutina diaria tiene un alto costo físico, psicológico y social. El novelista estadounidense Charles Bukowski escribió sobre el costo que el trabajo diario cobra en el cuerpo. En una carta de 1986 a su editor, se lamentaba:

…lo que duele es la disminución constante de la humanidad de aquellos que luchan por tener trabajos que no quieren, pero temen una alternativa peor. Las personas simplemente se vacían. Son cuerpos con mentes temerosas y obedientes. El color abandona la mirada. La voz se vuelve fea. Y el cuerpo. El pelo. Las uñas. Los zapatos. Todo [se desgasta]. Cuando era joven, no podía creer que la gente pudiera entregar su vida a esas condiciones. De viejo, todavía no puedo creerlo. ¿Para qué lo hacen?

Aceptar las repercusiones existenciales de sus elecciones de carrera es esencial para diseñar su vida ideal y convertirse en la mejor versión de usted mismo. Como jefe, gerente o líder de equipo, debe esforzarse por evitar el abismo de la desesperación que aguarda a aquellos que sacrifican todo en pos del poder y el todopoderoso dólar. Podemos comenzar nuestros esfuerzos para circunnavegar este pozo desarrollando una conciencia sobre los momentos en que su *vida laboral* se entromete en su *vida hogareña*.

¿Alguna vez se ha sorprendido haciendo algo de lo siguiente?

- Recibir llamadas durante la cena o momentos familiares.
- Pasar todo su "tiempo libre" en el trabajo.
- Perderse eventos importantes de la vida, como cumpleaños y días festivos.
- Revisar correos electrónicos o mensajes de texto cada 30 segundos.
- Sentir que "lo único que hace es trabajar todo el tiempo".

Todos los emprendedores han estado allí. Todos hemos sentido el atractivo de la oficina y nos hemos dejado arrastrar mentalmente de regreso al trabajo cada vez que suenan los tonos electrónicos de nuestros teléfonos celulares. Un pequeño mensaje sale a gritos de nuestro bolsillo y, en un instante, nuestra conciencia es transportada lejos de la mesa familiar a la sala de juntas corporativa. Las campanas y los silbatos que emanan de nuestros dispositivos móviles son el canto de una sirena, siempre dispuestos a alejarnos de nuestras necesidades familiares, devolviéndonos a las rocas irregulares del trabajo y la preocupación. Prestar atención a estas distracciones desequilibra nuestro equilibrio entre el trabajo y la vida.

En su libro más vendido, "Trabajo Profundo", el informático Cal Newport escribe:

Si sigue interrumpiendo su noche para revisar y responder el correo electrónico, o se aparta unas horas después de la cena para ponerse al día con una fecha límite que se acerca, está robando a sus centros de atención dirigida el descanso ininterrumpido que necesitan para restaurarse. Incluso si estos restos de trabajo consumen solo una pequeña cantidad de tiempo, le impiden alcanzar los niveles de "relajación más profunda" en los que puede ocurrir la restauración de la atención. Solo la confianza de que ha terminado con el

trabajo hasta el día siguiente puede convencer a su cerebro de "bajar" al nivel en el que puede comenzar a recargarse... [O, para decirlo] de otra manera, intentar de exprimir un poco más de trabajo por las noches [en realidad] puede reducir su eficacia al día siguiente...

Aprender a reconocer tales interrupciones y equilibrar su vida laboral con su vida personal es una lucha interminable con la que todos los líderes deben lidiar. A continuación, describimos tres consejos para ayudarlo a dominar este cuerpo a cuerpo.

Consejo 1: Reduzca la diafonía entre el trabajo y la familia

El primer paso para armonizar la tensión entre su *vida laboral* y su *vida social* es enmarcar adecuadamente estos bloques de tiempo. Sus amigos y familiares deben entender que durante un cierto bloque de tiempo *no* pueden molestarlo. Además, sus empleados deben cumplir con la misma regla. Delegar una parte de su día al *trabajo* y otra parte a la familia es esencial si desea mitigar la diafonía que se produce entre los dos dominios. Hace décadas esto era mucho más fácil de hacer. Las tiras de película en tecnicolor de la década de 1950 representan una bulliciosa mañana de lunes en la que los niños parten en autobuses escolares amarillos, los maridos huyen de los suburbios en automóviles relucientes y las amas de casa pasan la tarde pasando la aspiradora. Durante las siguientes ocho horas, la capacidad de comunicación de estas tres partes era limitada. Por lo tanto, se mitigaban las distracciones en el lugar de trabajo. Además, una vez que terminaba la jornada laboral y el esposo regresaba a casa, la capacidad de sus compañeros de trabajo para comunicarse con él a menudo era inexistente.

Pero ahora las cosas son diferentes…

En nuestro mundo interconectado de teléfonos inteligentes, mensajes de texto, redes sociales y correos electrónicos, todos estamos en contacto constante, todo el tiempo. El parloteo de la oficina nos sigue a casa a través de los dispositivos que llevamos en el bolsillo. Además, nuestras familias tienen la capacidad de interrumpirnos en el trabajo incluso por los asuntos más triviales. Dado que, en estos días, incluso los niños pequeños tienen teléfonos inteligentes, el canto de sus hijos siempre está a solo un mensaje de texto de distancia.

Esta conectividad constante ha difuminado las líneas entre el trabajo y el hogar. Recibir un *mensaje de texto de trabajo* durante el tiempo familiar o recibir un *mensaje de texto familiar* durante el tiempo de trabajo son igualmente perjudiciales para su productividad. A menos que dichos comunicados sean literalmente una cuestión de vida o muerte, debe esforzarse por separar esos dominios y eliminar dicha diafonía. Esto significa asegurarse de que todas las personas en su vida sepan exactamente cuándo pueden (y no pueden) molestarlo.

La forma en que limita el aparato de señalización en su vida depende de qué parte de la tecnología esté causando la mayoría de los problemas. A continuación, enumeramos algunas técnicas que podrían ayudarlo a aliviar esta distracción:

- **Trate de comprar dos teléfonos celulares: un teléfono de trabajo y un teléfono familiar.** Cuando esté en el trabajo, deje el teléfono familiar en el automóvil. Cuando esté en casa, deje el teléfono del trabajo en el automóvil o considere dejarlo en la oficina de forma permanente.

- **Elimine sus cuentas de redes sociales (como Facebook, Twitter e Instagram).** O, al menos, elimine las que pueda. Si es absolutamente necesario tener una presencia en las redes sociales como parte de su trabajo, entonces dedique una PC en la oficina a la administración de todas sus aplicaciones de redes sociales. Elija una contraseña larga que sea difícil de recordar y asegúrese de que sus cuentas de usuario solo estén activas en esta PC en particular, para que no tenga la tentación de acceder a los sitios a través de su teléfono celular o la computadora de su hogar.

- **Considere usar un "teléfono tonto".** Al contrario de un teléfono inteligente, un "teléfono tonto" no puede navegar por la web ni usar aplicaciones móviles que provoquen distracciones. Algunos ni siquiera pueden recibir mensajes de texto.

- **Nunca responda inmediatamente a familiares o amigos que violen las reglas de comunicación.** Dado que el 99,9% de los mensajes no son de vital importancia, el 99,9% de los mensajes deben ignorarse. Si alguien de su casa está tratando de comunicarse con usted durante el horario de trabajo, simplemente niéguese a responder hasta que termine el horario de trabajo y se reanude el horario familiar.

- **Haga que su secretaria o gerente de oficina clasifique todos los correos electrónicos entrantes de su oficina por usted.** Idealmente, desarrollará una estrategia para responder a los correos electrónicos y mensajes de trabajo en un bloque de tiempo, no durante todas las horas del día y de la noche. Trabaje con su personal para organizar un sistema que le permita abordar dichos comunicados de manera ordenada.

Trate de seleccionar la estrategia que funcione mejor para usted. Solo sepa que, independientemente de la técnica que emplee, es importante adoptar una postura firme al asignar tiempo para su vida laboral y familiar. Como líder, el reloj siempre será tu enemigo. Y debe aprender a ver el tiempo como el recurso precioso que es. Recuerde el famoso dicho (a menudo atribuido a Thomas Edison):

Todo el dinero del mundo no puede comprar ni un segundo de tiempo.

Consejo 2: Cuide sus horas más importantes

Desafortunadamente, el cerebro humano tiene un molesto limitador. El esfuerzo cognitivo profundo normalmente solo es posible durante unas cuatro horas al día. Es decir, su cerebro probablemente solo pueda atacar las tareas más difíciles de su jornada laboral durante las primeras cuatro horas de la mañana. La mayoría de las personas ya son muy conscientes de cómo fluctúa su estado mental entre las nueve de la mañana y las cinco de la tarde. Cuando llega el final de la jornada laboral, somos una persona diferente. Es decir, el estado neurofisiológico de nuestro cerebro se ha fatigado y ahora necesita tiempo para recuperarse.

Como cualquier músculo de su cuerpo, su cerebro se rejuvenece por la noche y alcanza su máximo rendimiento por la mañana o al mediodía. Después de cada tarea que complete, su capacidad (y voluntad) para hacer la siguiente tarea disminuirá ligeramente. Este punto se enfatiza en el libro del Dr. David Rock "Tu cerebro en el trabajo":

Tenemos una cantidad limitada de recursos para actividades como la toma de decisiones y el control de impulsos... Y cuando los usamos, no tenemos tanto para la siguiente actividad. Tome una decisión difícil y la siguiente será más difícil. [Tu cerebro] requiere mucha energía para funcionar y esta energía se agota a medida que la usas... Cuando llegas a las dos de la mañana y parece que no puedes pensar, no

---

eres tú, es tu cerebro. Su pensamiento de la mejor calidad dura un tiempo limitado.

En lugar de tratar de obligar a su cerebro a "trabajar más", es mejor ver a su cerebro como un instrumento delicado que debe ser afinado, reparado y mantenido. Para apreciar este punto, considere el siguiente experimento mental:

Suponga que usted es dueño de una empresa exitosa que fabrica diamantes, pero su empresa está ubicada en una región inhóspita del mundo. Y, por lo tanto, solo puede alquilar una máquina de corte de diamante de precisión durante cuatro horas cada día. Pero la máquina es tan asombrosa que puede producir $100,000 en ganancias por cada hora que está operativa. Sin embargo, después de la cuarta hora, la máquina tiene que ser devuelta rápidamente al taller de reparación. Y, si no se devuelve, la máquina se estropea y produce cortes imprecisos.

Ahora, si estos fueran realmente los parámetros bajo los cuales está haciendo negocios, considere cuán celosamente guardaría este bloque de tiempo de cuatro horas.

- Imagine cómo programaría todo su día en torno a esas cuatro horas.
- Imagine cómo se evitaría que sus amigos y familiares lo molesten durante esas cuatro horas.
- Imagine cómo entenderían sus compañeros de trabajo que no pueden interrumpirlo con cosas intrascendentes durante esas cuatro horas.
- Imagínese lo enojado que estaría consigo mismo si (por alguna razón) llegara tarde al trabajo, o tuviera resaca, o se enfermara o cansara y no pudiera usar la máquina durante las cuatro horas completas de un día.

En este escenario, ¿ve lo importantes que son esas cuatro horas?

En un sentido similar, su mente solo puede funcionar al máximo rendimiento cognitivo durante unas cuatro horas al día. Tan pronto como se sienta en su escritorio cada mañana, el temporizador comienza a correr. A partir de ese momento, las distracciones acecharán en su oficina, ansiosas por alejarlo de sus tareas más importantes. Su capacidad para disipar con éxito estas distracciones y mantenerse comprometido con sus prioridades determinará (en gran parte) su capacidad para lograr un progreso significativo hacia sus objetivos a largo plazo.

Cuando comienza a pensar en su cerebro como una máquina delicada que solo se puede alquilar durante cuatro horas al día, este marco debería ayudarlo a evaluar el valor real del tiempo. A menudo, vale más que cualquier otro recurso a su disposición.

Consejo 3: Clasifique sus tareas laborales

Como jefe o líder debe aprender a ordenar sus prioridades de manera que las tareas cognitivamente más exigentes puedan realizarse cuando su cerebro esté funcionando en su estado más eficiente. Como se describió anteriormente, esto suele ser en las primeras cuatro horas de la jornada laboral. Las *últimas* cuatro horas deben estar llenas de tareas menos desafiantes mentalmente.

Entonces, ¿cómo se determina qué tareas hacer al principio del día y al final?

Existen muchos métodos y aplicaciones para ayudarlo a ordenar sus tareas en una cola de trabajo diaria. Una técnica de gestión común es utilizar el "Método de las seis D". En él, estamos llamados a asignar una de las siguientes etiquetas a cada tarea:

1. No lo haga (*Don't do it*)
2. Desvíelo (*Deflect it*)
3. Retráselo (*Delay it*)
4. Hágalo de manera imperfecta (*Do it imperfectly*)
5. Deléguelo (*Delegate it*)
6. Hágalo (*Do it*)

Algunos pueden encontrar útil esta taxonomía. Sin embargo, creo que, en general, en realidad es bastante fácil identificar las tareas que debe adelantar. Porque estas son casi siempre las que menos disfruta hacer o que sabe que requerirán varias horas de concentración tranquila y enfocada. Tales tareas mentales de alto nivel típicamente incluyen:

- Diseño de producto
- Análisis de mercado
- Investigación y Desarrollo (I+D)

Estas tareas son cruciales para el éxito empresarial. Requieren pensamiento estratégico, creatividad y habilidades para resolver problemas. Por lo tanto, al priorizar estas tareas (es decir, al dedicarles sus horas cognitivas máximas), puede asegurarse de que está haciendo el mejor uso de su tiempo.

Ahora bien, ¿qué pasa con las tareas que *no* debe adelantar? Es decir, ¿qué tareas solo debe hacer después de que haya pasado la cuarta hora del día?

Las tareas que no requieren mucho esfuerzo cognitivo suelen aquellas que ha realizado miles de veces antes. Por ejemplo, considere la tarea de *responder a los correos electrónicos*. Como todos lo hacemos tan a menudo, nuestros cerebros están acostumbrados al proceso, al igual que lo están a andar en bicicleta. Andar en bicicleta no requiere mucho esfuerzo cognitivo porque la tarea de equilibrio se ha delegado en la parte posterior de su cerebro. La parte frontal de su cerebro (el "lóbulo frontal", donde se lleva a cabo el trabajo profundo) está libre para participar en una actividad cognitiva más rigurosa. Es por eso que es fácil escuchar audiolibros mientras andas en bicicleta.

Tareas aplazables similares podrían ser:

- realizar llamadas telefónicas
- dejar un paquete
- mirando (casi) cualquier cosa en línea
- categorizar los gastos mensuales

- asistir a reuniones
- entrevistar a empleados potenciales
- comprobar el progreso de un compañero de trabajo

Tales tareas generalmente solo requieren interacciones sociales casuales o aportes de procedimiento. Al ejecutar estas tareas, su mente normalmente no está llamada a formular conjeturas novedosas o involucrarse en un pensamiento de alto nivel; la demanda cognitiva es mínima. En consecuencia, generalmente es mejor asegurarse de que dichas tareas estén programadas para el *final* de la jornada laboral.

A medida que avanza en su día es beneficioso tomar nota del nivel de esfuerzo cognitivo que requiere cada elemento de su lista de tareas pendientes. No necesariamente debe sentirse obligado a formalizar el proceso. Sin embargo, mientras realiza cada tarea, cierre los ojos y haga un poco de introspección. Siga haciéndose preguntas como:

- ¿Qué tan difícil es esta tarea para mi mente?
- ¿Cuánto odio esta tarea?
- ¿Qué tan tediosa es esta tarea?
- ¿Qué importancia tiene esta tarea para el cumplimiento de mis metas?

Si no encuentra que la tarea sea particularmente vital o desafiante, considere realizarla al final del día. Pero si la tarea es mentalmente extenuante o hace que postergue las cosas, entonces podría ser el tipo de tarea que debería adelantar, es decir, el tipo de tarea que debería hacer tan pronto como cruce las puertas de la oficina por la mañana.

Conclusión

Encontrará muchos tipos diferentes de líderes sentados en la cima de la montaña del éxito. Mientras que algunos hicieron el ascenso cargado de dudas e indecisión, otros parecen haber esperado siempre que las riendas del poder cayeran en sus manos. Tales personajes egoístas pueden incluso encontrarlo francamente extraño cuando las personas no están de acuerdo con ellos o dudan de sus credenciales. Como dijo una vez curiosamente Oprah Winfrey:

Siempre supe que estaba destinada a la grandeza.

Quizás usted también es una de esas personas...

- Quizás crea que su éxito es la inevitable eventualidad de su mera existencia.
- Quizás piense que los pasillos del poder se construyeron pensando en su residencia.
- Quizás haya jugado el papel de "héroe" desde el día en que nació.

Sin embargo, si compró este libro, entonces probablemente sea más propenso a ocupar un estado mental diferente. Y su camino es más comparable al del "héroe reacio".

El héroe reacio

A diferencia del tropo de superhéroes, el *héroe reacio* no nació con poderes mágicos, ni riquezas, ni habilidades excepcionales. El héroe reacio es un hombre común que duda de su propia competencia y se resiste a su metamorfosis. La escritora estadounidense Jessica Morrell describió el arquetipo en su libro de 2008 "Cómo escribir a los malos de la ficción". Ella afirma:

Un héroe reacio es un hombre ordinario o deslustrado con varios defectos o un pasado problemático. [Él] se involucra a regañadientes en actos heroicos. Durante la historia, él está a la altura de las circunstancias, a veces venciendo a un enemigo poderoso, a veces vengando un agravio. Pero se pregunta si está hecho para el "negocio de los héroes". Sus dudas, recelos y errores añaden una satisfactoria capa de tensión a la historia.

Es natural experimentar dudas y recelos acerca de su competencia como líder. Irónicamente, su capacidad para considerar estas reservas y para realizar una autoevaluación crítica de su conjunto de habilidades inmediatas puede ser la cualidad que lo convertirá en un gran líder algún día. A veces, el que cuestiona activamente si tiene lo que se necesita para ser un líder, es en realidad la mejor persona para el trabajo. Como escribió el filósofo británico Bertrand Russell:

Una de las cosas dolorosas de nuestro tiempo es que aquellos que sienten "certeza" son estúpidos, y aquellos [que poseen] imaginación y comprensión están llenos de dudas e indecisiones.

Cuando experimente dudas, cuando inevitablemente tropiece y cometa errores, simplemente acepte que estos pasos en falso son parte del trabajo. Para algunos problemas no existen soluciones perfectas, solo compensaciones. Decidir tomar un camino sobre otro inevitablemente implicará despedir a los compañeros en el trayecto. A medida que crezca en poder se volverá inexorablemente consciente de las repercusiones de sus decisiones. Las decisiones que tome afectarán a personas reales, personas que tienen sus propias esperanzas, sueños y familias. Personas que dependen de usted para mostrarles el camino. Esta es la razón por la cual el liderazgo puede ser difícil para los hombres sensatos y compasivos. Como T'Chaka le dice a su hijo en la película Black Panther de 2018:

Eres un buen hombre, con un buen corazón. Y es difícil para un buen hombre ser rey.

Sopesar factores complejos, tomar decisiones rápidas, asumir la responsabilidad de las repercusiones de sus acciones: esto comprende la parte difícil y sucia del liderazgo. Desafortunadamente, estas pruebas no se disipan a medida que avanza en el camino del éxito. Solo crecen en una variedad cada vez mayor. Cada curso alberga su propio conjunto único de obstáculos, pero las caídas y los errores que inevitablemente cometerá en el camino no son de temer. En cambio, deben aceptarse como una parte necesaria de su transformación.

Los verdaderos héroes no nacen, se *hacen*.

Se forjan durante la propia carrera, no en la línea de salida. Cada cicatriz, raspadura y abolladura en su armadura no debe ocultarse. Por el contrario, son los recuerdos ganados con esfuerzo de las batallas libradas y las lecciones aprendidas. Alcanzar la competencia con las riendas del liderazgo no es el tipo de premio que solo necesita ganar una vez, como una cinta azul en una feria del condado. En cambio, el liderazgo es una tarea de Sísifo: una tediosa caminata por una montaña escarpada que en realidad solo termina cuando se jubila.

De hecho, así es como deberían ser las cosas. Incluso si finalmente llega a la cima de la montaña, debe saber que la celebración de la victoria será fugaz. En la vista brumosa desde la cima, no verá nada más que un millón de picos de montañas más que se elevan desde la tierra en todas direcciones. Siempre habrá más escalada que hacer. Y cuando llegue el día en que ya no pueda escalar, es posible que no se pierda nada más que la escalada en sí.

Entonces, aprenda a apreciar el privilegio que se le ha concedido.

- Es un privilegio recorrer el camino del emprendedor, del jefe o del líder.
- Es un privilegio guiar a su equipo por el camino empedrado que serpentea bajo sus pies.

Así que trate de disfrutar cada momento de la caminata. No se apresure a través de cada punto de ruta. En su lugar, tómese un momento para admirar la vista y respirar. Cuanto más se acerque a la cima de la montaña, más se dará cuenta de que las riquezas que se encuentran allí nunca tuvieron la intención de ser la verdadera recompensa. Eran solo el pretexto para iniciar el ascenso.

Las verdaderas victorias se ganan en el interior. La verdadera recompensa solo se puede apreciar cuando se comparte con las personas que lo acompañaron en su camino. Así como cada una de sus uñas siempre necesitará mantenimiento, también lo necesitarán sus relaciones: las relaciones con su familia, sus empleados y consigo mismo.

Cuide a esa gente.

Cuídese.

La mayoría de los demonios que encontrará en el camino del éxito no provienen del territorio. Por el contrario, vienen de adentro. Las verdaderas batallas no se libran en los pasillos del poder, sino en los rincones de la mente. Si logra armonizar las críticas que emanan de los ángeles de luz y oscuridad que residen sobre cada hombro, entonces la victoria seguramente llegará. Como escribió Joseph Campbell:

Sólo cuando un hombre domestica sus propios demonios se convierte en rey de sí mismo, si no del mundo.

El
mundo
➤ es →
tuyo

¿Te gustó el libro?

Gracias por acompañarme en este viaje. Realmente espero que haya disfrutado el libro. Si es así, considere escribir una reseña de un libro en Amazon. Para un autor independiente como yo, las reseñas de libros significan *todo*, y personalmente trato de leer cada una.

O si tiene alguna sugerencia sobre cómo puedo mejorar mi próximo libro, comuníquese conmigo a través de mi sitio web en AnthonyRaymond.org. ¡Espero escuchar de usted!

Gracias de nuevo,

Anthony

X _____
Anthony Raymond

www.AnthonyRaymond.org

Made in United States
Troutdale, OR
09/20/2024

22988124R00126